Eine Bildreise

W0249218

Matthias Eberhardt/Siegfried Layda/Ellert & Richter Verlag

Schönes Hessen

Beautiful Hesse/La belle Hesse

Matthias Eberhardt, geb. 1960 in Bochum, studierte an der Semmelweis Universität in Budapest Medizin und wurde 1989 promoviert. Neben seiner ärztlichen Tätigkeit arbeitet er heute als freier Autor und Reisejournalist in Kassel.

Siegfried Layda, geb. 1941 in Berlin. Nach seinem Fachhochschulstudium folgte ein langjähriger Aufenthalt in Afrika. Dort widmete er sich einer autodidaktischen Fortbildung im Bereich der Fotografie mit Fernstudium („Famous Photographer's School"). Nach seiner Rückkehr besuchte er die „Freie Kunstschule Wiesbaden". Seit 1988 ist er als Foto-Designer tätig.

Matthias Eberhardt, born in 1960 in Bochum, studied medicine at Budapest's Semmelweis University and was awarded his doctorate in 1989. Alongside his work as a doctor, he now works as a freelance writer and travel journalist in Kassel.

Siegfried Layda was born in 1941 in Berlin. After completing his college studies he spent many years in Africa, where he taught himself photography through a Famous Photographer's School distance learning course. After returning to Germany he attended the Freie Kunstschule Wiesbaden. Since 1988 he has worked as a photographic designer.

Matthias Eberhardt, né à Bochum, en 1960, il fit ses études de médecine à l'université Semmelweis de Budapest et passa son doctorat en 1989. En dehors de ses activités médicales, il travaille aujourd'hui à Kassel comme auteur et journaliste indépendant dans le domaine des voyages.

Siegfried Layda, né à Berlin, en 1941. Après des études dans une Ecole supérieure spécialisée, il fit un séjour prolongé en Afrique. Il y poursuivit sa formation, en autodidacte, dans le domaine de la photographie en prenant des cours universitaires par correspondance («Famous Photographer's School»). A son retour, il fréquenta l'école des Beaux-Arts «Freie Kunstschule Wiesbaden». Il exerce en qualité de photodesigner depuis 1988.

Bildnachweis/Photo credits/
Index des photographies:
Fotos: Siegfried Layda, Wiesbaden
außer:
Bildarchiv Foto Marburg: S. 43 re.
Huber-images: S. 6 re. (Hans-Peter Merten), 14/15 (Reinhard Schmid), 30/31 (Günter Gräfenhain), 70/71 (Christian Bäck), 82/83 (Chris Seba)
Torsten Krüger: S. 68/69
Michael Pasdzior: S. 6 li., S. 46
Wikimedia Commons: S. 65 (Eva Kröcher)

Karte/Map/Carte géographique:
www.mapsofworld.com

Titel/Cover/Couverture:
Fachwerkzeile und Marienkirche in Gelnhausen
Row of half-timbered houses and St. Mary's Church in Gelnhausen
Rangée de maisons à colombages et Marienkirche à Gelnhausen

Bibliografische Information der Deutschen Nationalbibliothek
Die Deutsche Nationalbibliothek verzeichnet diese Publikation in der Deutschen Nationalbibliografie; detaillierte bibliografische Daten sind im Internet über http://dnb.d-nb.de abrufbar.

ISBN 978-3-8319-0592-8

© Ellert & Richter Verlag GmbH, Hamburg
8. aktualisierte Auflage 2014

All rights reserved/Tous droits réservés
Dieses Werk einschließlich aller seiner Teile ist urheberrechtlich geschützt. Jede Verwertung außerhalb der engen Grenzen des Urheberrechtsgesetzes ist ohne Zustimmung des Verlages unzulässig und strafbar. Dies gilt insbesondere für Vervielfältigungen, Übersetzungen, Mikroverfilmungen und die Einspeicherung und Verarbeitung in elektronischen Systemen.

Text und Bildlegenden/Text and captions/Texte et légendes: Matthias Eberhardt, Kassel
Übertragung ins Englische/English translation/ Traduction anglaise: Paul Bewicke, Hamburg
Übertragung ins Französische/French translation/ Traduction française: Michèle Schönfeldt, Hamburg
Lektorat/Editor/Lectorat: Thomas Kraft, Hamburg
Gestaltung/Design/Maquette:
BrücknerAping Büro für Gestaltung GbR, Bremen
Gesamtherstellung/Production/Production:
Girzig + Gottschalk, Bremen

Inhalt/Contents/Sommaire

Hessen: Land vielfältiger Gegensätze 6
Hesse: A state of many contrasts 6
La Hesse: Pays de contrastes 7

Vom Chattenreich zum Bundesland: Streifzug durch die hessische Geschichte 8
From tribal kingdom to federal state: A brief survey of Hesse's history 8
Du royaume des Chattes à l'Etat fédéré: Aperçu historique 9

Hoch im Norden: Kassel und sein Umland 20
The far north: Kassel and environs 20
Aux confins nord du pays: Kassel et ses environs 21

Salz und Kirschen: Entlang der Werra in den Hohen Meißner 28
Salt and cherries: Along the Werra to the Hoher Meissner 28
Sel et cerises: En longeant la Werra jusqu'au Hoher Meißner 29

Zwischen Himmel und Eder: Das Waldecker Land 34
Between heaven and Eder: The Waldeck region 34
Entre ciel et Eder: Le Pays de Waldeck 35

Rotkäppchens Heimat: Chattengau, Schwalm und Knüll 42
The home of Red Riding Hood: Chattengau, Schwalm and Knüll 42
Au pays du Petit Chaperon Rouge: Chattengau, Schwalm et Knüll 43

Fachwerk und Barock: Osthessen vom Vogelsberg zur Rhön 46
Half-timbering and Baroque: Eastern Hesse from the Vogelsberg to the Rhön 46
Colombages et baroque: Vogelsberg, Hesse orientale et Rhön 47

Dome und Hochschulen: Die Lahn entlang 54
Cathedrals and colleges: Along the Lahn 54
Cathédrales et universités: En longeant la Lahn 55

Kommerz und Kultur: Frankfurt, Taunus und Wetterau 64
Commerce and culture: Frankfurt, the Taunus and Wetterau 64
Commerce et culture: Francfort, Taunus et Wetterau 65

Hessens heiterer Süden: Rheingau und Wiesbaden 74
Hesse's light-hearted south: The Rheingau and Wiesbaden 74
Le sud riant de la Hesse: Rheingau et Wiesbaden 75

Jugendstil und Nibelungen: Darmstadt und der Odenwald 84
Art Nouveau and Nibelungen: Darmstadt and the Odenwald 84
Art Nouveau et Nibelungen: Darmstadt et l'Odenwald 85

Hessen von A bis Z 92
Hesse from A to Z 93
La Hesse de A à Z 94

Karte/Map/Carte géographique 96

Ich kenne ein Land, so reich und so schön, voll goldener Ähren die Felder, dort grünen im Tal bis zu sonnigen Höh'n viel dunkele, duftige Wälder. Dort hab ich als Kind an der Mutter Hand in Blüten und Blumen gesessen. Ich grüß' dich, du Heimat, du herrliches Land, Herz Deutschlands, mein blühendes Hessenland."
(Carl Preser)

Das Land Hessen bescherte den Deutschen Frau Holle und einen „Babba" Hesselbach, der mit seinem breitmäuligen, erregten Gebabbel für die Fernsehzuschauer den Hessen schlechthin verkörpert. Hessen gab der Welt Goethe, die Frankfurter „Grie Soß" (Grüne Soße), waldhessische „Lumpen und Flöh" (Weißkrauteintopf mit Kümmel und Speck), „Ahle Worscht", Schmand sowie edle Rieslingweine und rassige Spätburgunder aus dem Rheingau. Und wer einmal an einem heißen Sommertag einen selbstgemachten hessischen „Äppelwoi" (Apfelwein) genossen hat – ob pur oder gespritzt –, wird ihn als unvergleichliche Erfrischung im Gedächtnis behalten.

Der Reiz des Hessenlandes liegt in der Vielgestaltigkeit seiner Naturschönheiten. Von Heidelandschaften über Urwälder bis hin zu Hochmooren, Seen und Flüssen. Als waldreichstes Bundesland Deutschlands ist es weithin für seine abwechslungsreichen Mittelgebirge bekannt; aus der Rheinebene steigt der Odenwald auf, aus Rheingau und Wetterau erheben sich Taunus und Vogelsberg, während sich das niederhessische Bergland fast geschlossen zwischen Rothaargebirge und Rhön erstreckt. Trotz der Waldschäden, der zunehmenden Besiedelung der Landschaft und neuer Straßen wächst Hessens Wald; vor allem im Norden nimmt der Bestand kontinuierlich um 150 Hektar im Jahr zu. Im Winter locken schneebedeckte Hänge und gespurte Langlaufloipen, in den Sommermonaten lassen sich die reizvollen Wälder und Täler bei Ausflügen zu Fuß, zu Pferde, im Boot oder auf dem Drahtesel erkunden. Außer Tiefseetauchen und alpinem Bergsteigen ist in Hessen alles möglich. Hessen, im Herzen Deutschlands, ist wirklich schön. „Hessen hat in seinem Süden noch etwas vom Licht des Mittelmeeres, und im Norden spiegelt es schon herb die Farben, die auch über der Nordsee liegen. Und die Übergänge von einem Klima zum anderen, landschaftlich wie geistig, sind originell", schwärmte der in Darmstadt geborene Dichter Kasimir Edschmid (1890–1966).

Inmitten idyllischer Landschaften zwischen Neckar und Weser, Rhein und Werra zeugen herrschaftliche Schlösser und mittelalterliche Burganlagen, imposante Kirchen und Dome, pittoreskes Fachwerkambiente und farbenfrohes Trachtenleben von der politischen und kulturellen Geschichte des Landes. Trachten-, Musik- und Sängergruppen pflegen das Brauchtum der Heimat. In vielen Dörfern backen die Mädchen und Frauen das Brot noch nach alter Sitte in großen Backöfen, auf dem Felde gabelt der Bauer das Stroh, und in lauen Sommernächten wird unter der Dorflinde getanzt.

Hessen ist ein Land der Gegensätze. Neben dem weitgehend ländlich geprägten Norden des Landes, in dem die Märchen der Brüder Grimm ihre Heimat haben, bestimmt heute vor allem der Süden mit seinen Wirtschafts- und Industriezentren an Rhein und Main das Bild Hessens. „Nicht mehr die Hochofen-Megalopolis an der Ruhr setzt den Maßstab für den deutschen Wohlstandsauftrieb, sondern das Land am Main", schrieb DER SPIEGEL bereits in den 1960er-Jahren.

Blick von der Wasserkuppe in der Rhön, die mit 952 Metern der höchste Berg Hessens ist.

A view from the Wasserkuppe in the Rhön. At 952 metres, it is the highest mountain in Hesse.

Vue de la Wasserkuppe, dans le massif de la Rhön. Ses 952 mètres en font le plus haut sommet de la Hesse.

I know a land so rich and so beautiful, the fields full of golden corn, with many dark, fragrant forests growing green from the valley to the sunkissed heights. There as a child I sat holding my mother's hand amidst blossoms and flowers. I salute you, my native place, oh splendid land, heart of Germany, my flourishing Hesse." (Carl Preser)

The state of Hesse gave the Germans some of the Brothers Grimms' best-known fairy tales and a TV personality named "Babba" Hesselbach, whose loud, excited gabble personifies the stereotype other Germans have of people from Hesse. Hesse gave the world Goethe, Frankfurt Green Sauce, a dish called "Rags and Fleas" (white cabbage stewed with caraway and bacon), "Ahle Worscht," a type of sour cream known as Schmand, as well as fine Riesling wines and classy late burgundies from the Rheingau area. And anyone who has savoured a home-made Hessian apple wine on a hot summer's day, whether neat or diluted with mineral water, will always remember it as an incomparable form of refreshment.

The charm of the Hesse region lies in the great variety of its natural scenery, which ranges from heathlands and ancient forests to upland moors, lakes and rivers. More densely forested than any other German state, it is known far and wide for the richly varied scenery of the Mittelgebirge. The Odenwald forest rises out of the plain of the Rhine, the Taunus and Vogelsberg from the Rheingau and Wetterau, while the highlands of

An der 1585 gegründeten Frankfurter Börse schlägt das Herz des deutschen Wirtschaftslebens.

The heart of Germany's economic life beats in the Frankfurt Stock Exchange, founded in 1585.

Le cœur de la vie économique allemande bat à la Bourse de Francfort, fondée en 1585.

lower Hesse are almost enclosed between the Rothaar mountains and the Rhön. Despite the damage wrought by environmental pollution, increasing human settlement of the countryside and new roads, the Hessian forest is spreading, particularly in the north, where the stock of trees is growing steadily by 150 hectares each year. In winter it offers enticing snow-covered slopes and cross-country ski trails. In summer the delightful woods and valleys can be explored on foot, on horseback, by boat or by bicycle. In Hesse, you can do everything apart from deep-sea diving and alpine mountaineering. Hesse, in the heart of Germany, is truly beautiful. "In the south, Hesse still has a hint of Mediterranean light, and in the north it already mirrors austerely the colours you see over the North Sea," enthused the poet Kasimir Edschmid (1890–1966), a native of Darmstadt.

Amidst idyllic countryside between the rivers Neckar and Weser, Rhine and Werra, magnificent palaces and mediaeval castles, grand churches and cathedrals, picturesque half-timbered buildings and colourful folk costumes testify to the state's political and cultural history. Folklore, musical and singing groups ensure that local customs are maintained. In many villages girls and women still bake bread in large ovens in the traditional way, farmers still turn their hay with a pitchfork and on balmy summer nights there is dancing under the village linden tree.

Hesse is a state of contrasts. Alongside the largely agricultural north of the state, birthplace of Grimms' Fairy Tales, nowadays it is above all the south with its centres of business and industry on the Rhine and the Main which stamp the image of Hesse. "It is no longer the blast-furnace megalopolis on the Ruhr which sets the standard for Germany's upward trend to prosperity, but the state on the Main," the newsweekly Der Spiegel wrote way back in the 1960s.

Je connais un pays, si riche et si beau, aux champs foisonnant d'épis dorés, où d'obscures et odorantes forêts verdoient, au creux des vallées, et grimpent jusqu'aux cimes ensoleillées. Enfant, j'y restai assis, tenant ma mère par la main, parmi les fleurs et les bourgeons éclos. Je te salue, mère patrie, terre splendide, cœur de l'Allemagne, mon resplendissant pays de Hesse.» (Carl Preser)

La Hesse fit don aux Allemands de «Dame Holle» et d'un «Babba» Hesselbach, personnage crâneur au parler volubile qui, pour les téléspectateurs, représente le type même du Hessois. La Hesse donna au monde Goethe, la «Grie Soß» (sauce verte) de Francfort, le «Lumpen und Flöh» (potée de choux blancs au cumin et aux lardons) de la région de Waldhessen, l'«Ahle Worscht», le «Schmand», ainsi que de nobles cépages, tels les Riesling et les Spätburgunder racés, issus du Rheingau. Et qui, par une chaude journée d'été, aura apaisé sa soif en buvant un «Äppelwoi» – le cidre sorti des presses de la Hesse –, pur ou coupé d'eau gazeuse –, gardera en mémoire le goût incomparable de ce délicieux rafraîchissement.

Le charme de la Hesse réside dans la diversité de ses beautés naturelles qui vont des landes de bruyère et des tourbières de montagnes aux lacs et rivières, en passant par ses forêts restées à l'état sauvage. La Hesse, province dotée des plus vastes étendues boisées existant en Allemagne, est généralement connue pour ses montagnes de moyenne altitude si diverses d'aspect. Les collines de l'Odenwald montent de la Plaine du Rhin, les massifs du Taunus et le Vogelsberg du Rheingau et de la Wetterau, tandis que le pays montagneux qu'est la Hesse inférieure s'étend en un ensemble presque compact entre le Rothaargebirge et la Rhön. Malgré les dégâts subis par les forêts, la progression des surfaces construites et l'aménagement de nouvelles routes, la forêt ne cesse de s'étendre. Cela vaut tout particulièrement pour le nord du pays, où le peuplement forestier s'accroît, de façon continue, de 150 hectares par an. Tandis que les versants enneigés et les pistes de ski de fond soigneusement tracées, attirent les visiteurs en hiver, ce sont ses ravissantes forêts et ses vallées riantes que l'on pourra découvrir pendant les mois d'été au cours de randonnées que l'on y fera à pied, à cheval, en bateau ou à vélo. Tout, en Hesse, peut se pratiquer, à l'exception de la plongée sous-marine et de l'alpinisme. La Hesse, sise au cœur de l'Allemagne, est d'une beauté véritable. En sa partie sud, elle garde encore un peu de cette luminosité propre à la Méditerranée et distille déjà, au nord, les couleurs austères imprégnant l'atmosphère de la Mer du Nord. Et les transitions d'un climat à l'autre, sont, tant au niveau du paysage que des mentalités, d'un caractère singulier», écrivait, dans son enthousiasme, le poète Kasimir Edschmid (1890–1966) qui vit le jour à Darmstadt.

Trônant au milieu de contrées idylliques, entre le Neckar et la Weser, le Rhin et la Werra, de majestueuses demeures seigneuriales et des châteaux médiévaux, d'imposantes églises et des cathédrales, de pittoresques villages tout en colombages, ainsi qu'un folklore bariolé témoignent de l'histoire politique et culturelle du pays. Groupes folkloriques, ensembles musicaux et sociétés chorales maintiennent vivantes les coutumes de ce pays. Dans de nombreux villages, les jeunes filles et les femmes font encore cuire le pain à l'ancienne dans de grands fours, les paysans fourchent la paille dans les champs et, sur les places des villages, on danse sous les tilleuls par de tièdes nuits d'été.

La Hesse est un pays de contrastes. En dehors de la partie nord, à caractère principalement rural, patrie d'origine des Contes des Frères Grimm, c'est avant tout le sud du pays qui, fort de ses centres économiques et industriels bordant le Rhin et le Main, confère aujourd'hui à la Hesse l'image que l'on a d'elle. Dans les années 60, l'hebdomadaire DER SPIEGEL écrivait déjà: «Ce n'est plus à la mégalopole autour des hauts-fourneaux de la Ruhr que se mesure la prospérité croissante de l'Allemagne, mais à la région des bords du Main.»

Auf dem Hanauer Marktplatz, am Brüder-Grimm-Denkmal, nimmt die 600 Kilometer lange Deutsche Märchenstraße ihren Anfang.

The 600-kilometre-long German Fairytale Road starts at the Brothers Grimm monument on Hanau market square.

C'est sur la Place du Marché de Hanau, au monument élevé à la mémoire des frères Grimm, que débute la «Deutsche Märchenstraße», la Route allemande des Contes de Fées.

Die Hessen traten als Chatten in die Geschichte ein. Von diesem germanischen Volksstamm, dessen Name eigentlich „Hatten" ausgesprochen wurde, berichten uns die römischen Quellen der späten Antike. Er siedelte seit dem 9. Jahrhundert v. Chr. an der Schwalm, der Eder und der unteren Fulda und drang später längs der Lahn bis an den Rhein und in die Wetterau sowie fuldaaufwärts bis zur Rhön hin vor. Bei Maden, Altenritte, Niederhone, Unterweißenborn, Wetzlar und im Gießener Stadtwald wurden chattische Dörfer ausgegraben. Die Altenburg bei Niedenstein war ihre Gauburg, eine Fluchtstätte, in der viele Tausend Menschen Zuflucht finden konnten und die wahrscheinlich durch die Römer im Jahr 15 n. Chr. aus Rache für die Teilnahme der Chatten an der Schlacht im Teutoburger Wald zerstört und niedergebrannt wurde. Die Chatten erwiesen sich als äußerst bodenständig, haben sie doch als einer von wenigen germanischen Stämmen nicht an der Völkerwanderung teilgenommen. Mit dem Abzug ihrer römischen Nachbarn, die sich gegen die „barbarischen" Germanen mit dem Limes schützten, verliert sich auch die Spur der Chatten für mehrere Jahrhunderte im Dunkel der Geschichte. Sie taucht erst wieder auf, als sich die Herrschaft der Franken auch über das Siedlungsgebiet der Chatten auszudehnen begann. Nun fand auch der Name „Hessen" erstmals urkundliche Erwähnung: Papst Gregor III. schrieb im Jahr 738 im damals üblichen Latein: „Gregorius papa universis optimatibus et populo provinciarum Germaniae, Thuringis et Hessis ..." (Papst Gregor allen Edlen und dem Volk in den Provinzen Germaniens, den Thüringern und Hessen ...) Mit den Franken kam auch Bonifatius, der die noch heidnischen Hessen und Thüringer zum Christentum bekehrte. Die Verbindung dieser beiden Länder blieb das ganze Mittelalter hindurch sehr eng. Es waren die Thüringer Landgrafen, die die Herrschaft über Hessen ausübten. Aus Eisenach kam auch Elisabeth nach Marburg, wo sie ihr berühmtes Hospital gründete. Im Jahr 1264 wurde Heinrich I., Sohn der Sophie von Brabant und Enkel der Elisabeth, als erster Landgraf von Hessen anerkannt. Marburg wurde erste hessische Hauptstadt und zugleich mit der Elisabethkirche wichtiger Wallfahrtsort.

Große Bedeutung erlangte das Land jedoch erst in der Reformationszeit, als Landgraf Philipp der Großmütige (1504–1567) den rebellischen Mönch Martin Luther unterstützte und in Marburg 1527 die erste protestantische Universität der Welt gründete. Hessen wurde zum wichtigen Führer der Protestanten in Deutschland. 1567 wurde das Land unter den Erben Philipps geteilt. Der Dualismus zwischen dem Norden mit der Residenz in Kassel und dem Süden mit der Hauptstadt Darmstadt war für Jahrhunderte die Folge. Auch im Dreißigjährigen Krieg, der das Land grauenhaft verwüstete, standen beide auf unterschiedlichen Seiten. Im Krieg von 1866 setzten die hessischen Fürsten auf Österreich – und damit auf den Verlierer. Kurhessen, Nassau und die Freie Reichsstadt Frankfurt wurden von Preußen annektiert.

Das heutige Bundesland Hessen wurde 1945 durch die amerikanische Besatzungsmacht geschaffen. Auf Anraten deutscher Historiker hatten Dwight D. Eisenhower, amerikanischer Oberbefehlshaber und Militärgouverneur, und sein Stellvertreter Lucius D. Clay die ehemals eigenständigen Provinzen Hessen-Darmstadt, Hessen-Kassel und Nassau zusammengefügt. Kurz zuvor war im hessischen Norden noch ein kleiner, aber spektakulärer Gebietsaustausch zwischen den amerikanischen und sowjetischen Besatzungsmächten vollzogen worden, als wegen einer Bahnlinie einige Dörfer zwischen beiden Zonen „ausgewechselt" wurden. Am 4. Februar 1946 traf der erste Flüchtlingstreck aus dem Osten in Weilburg ein. Viele, viele folgten. Allein im Jahr 1946 musste Hessen 400 000 Flüchtlinge und Vertriebene aufnehmen. Im Laufe der Jahre wurden es eineinviertel Millionen. Notunterkünfte wurden eingerichtet, dann Siedlungen gebaut. Die Vertriebenen und Flüchtlinge fanden in Hessen eine neue Heimat und trugen zum Aufbau des Landes und seiner Wirtschaft bei. 1961, auf dem ersten Hessentag in Alsfeld, stellte der damalige Ministerpräsident Georg-August Zinn mit dem ihm eigenen Pathos fest: „Es ist keine Frage: In unserem Lande, in dem heutigen Hessenland, hat sich ein neues Staatsbewusstsein entwickelt. Es ist ein Staatsbewusstsein, das aus dem Zusammenschluss der Waldecker, der Kurhessen, der Nassauer, der Darmstädter Hessen und der Bürger der Freien Reichsstadt Frankfurt entstand und vom Geiste der Toleranz, der Geistesfreiheit und des Bürgerstolzes getragen wird, das aus der gemeinsamen Aufgabe, eine neue staatliche Ordnung zu schaffen, entsprungen ist. Toleranz, Geistesfreiheit und Bürgerstolz sollen die Merkmale dieses Landes sein."

The Hessians entered history as the Chatti. We know of this Germanic tribe, whose name was actually pronounced "Hatti," from Roman sources of late antiquity. From the ninth century BC they settled along the rivers Schwalm, Eder and lower Fulda, later pushing along the Lahn to the Rhine and into the Wetterau region, and up the Fulda as far as the hills of the Rhön. Chatti villages have been excavated near Maden, Altenritte, Niederhone, Unterweissenborn, Wetzlar and in the Giessen municipal woods. The Altenburg fort near Niedenstein was their headquarters, a place of refuge which could provide shelter to many thousands of people. It was probably destroyed and burned down by the Romans in 15 AD in revenge for Chatti involvement in the Battle of Teutoburger Wald. With the retreat of their Roman neighbours behind the "limes," the border which protected them from the "barbaric" Germanic tribes, all trace of the Chatti disappears into the darkness of history for several hundred years. They did not reappear until the rule of the Franks began to spread across the region where they were settled. This is when we find the first recorded mention of the name "Hessians." In 738, Pope Gregory III wrote, as was usual at the time, in Latin: "Gregorius papa universis optimatibus et populo provinciarum Germaniae, Thuringis et Hessis ..." (Pope Gregory to all nobles and the people in the provinces of Germany, to the Thuringians and Hessians ...) With the Franks came St Boniface, who converted the still heathen Hessians and Thuringians to Christianity. Throughout the Middle Ages the ties between Hesse and Thuringia remained very close. It was the counts of Thuringia who ruled Hesse. And it was in Marburg, Hesse, where Elisabeth of Thuringia founded her famous hospital. In 1264

Die Saalburg im Taunus war im 2. und 3. Jahrhundert Bestandteil des römischen Limes.

In the second and third centuries, the Saalburg in the Taunus was a part of the Roman border fortifications.

Le castrum romain de Saalburg, dans le Taunus, faisait partie du Limes au IIe et IIIe siècles.

Henry I, son of Sophie of Brabant and Elisabeth's grandson, was recognised as the first count of Hesse. Marburg became the first capital of Hesse and its Elisabethkirche simultaneously an important place of pilgrimage.
However, the state only achieved any great significance in the Reformation period, when Count Philipp the Magnanimous (1504–1567) supported the rebellious monk Martin Luther and, in 1527, founded the world's first Protestant university in Marburg. Hesse became an important base of German Protestants. In 1567 the state was divided between Philipp's heirs. As a consequence, for centuries there were two opposing capitals, Kassel in the north and Darmstadt in the south. Even in the Thirty Years' War, which cruelly devastated the state, the two were on different sides. In the Austro-Prussian war of 1866 the two princes of Hesse banked on Austria – and thus on the loser. As a result, Kurhesse, Nassau and the free imperial city of Frankfurt were annexed by Prussia. The present federal state of Hesse was created by the US occupying forces in 1945. On the advice of German historians, Dwight D. Eisenhower, US commander-in-chief and military governor, and his deputy Lucius D. Clay amalgamated the formerly independent provinces of Hesse-Darmstadt, Hesse-Kassel and Nassau. Shortly beforehand there had been a small but spectacular exchange of territory in the north of Hesse between the US and Russian occupation zones, with several villages being "swapped" on account of a railway line. On 4 February 1946 the first refugee trek from the east reached Weilburg. Many more were to follow. In 1946 alone, Hesse had to "accommodate" 400,000 refugees and expellees. In the course of time this grew to one and a quarter million. Emergency accommodation was laid on, after which housing estates were built. The expellees and refugees found a new home in Hesse and helped to build up the state and its economy. In 1961, at the first Hesse Conference in Alsfeld, Georg-August Zinn, state premier at the time, said with his customary emotionalism: "There is no doubt about it – in our state, in present-day Hesse, a new state consciousness has developed. It is a consciousness which emerged from the amalgamation of Waldeckers, Kurhessians, Nassauers, Darmstadt Hessians and the citizens of the free imperial city of Frankfurt, and which is upheld by the spirit of tolerance, of intellectual freedom and of the civic pride which has arisen from the common task of creating a new state order. May tolerance, intellectual freedom and civic pride be the hallmarks of this state."

Les Hessois firent leur entrée dans l'Histoire en tant que Chattes. Il est déjà fait mention de ce peuple germanique, dont le nom se prononçait «Hattes», dans les annales romaines de la fin de l'Antiquité. Etablis depuis le Xe siècle avant Jésus-Christ en bordure de la Schwalm, de l'Eder et du cours inférieur de la Fulda, ils pénétrèrent plus tard jusqu'au Rhin et à la Wetterau en suivant le cours de la Lahn et en remontant la Fulda en direction de la Rhön. Des fouilles effectuées à Maden, Altenritte, Niederhone, Unterweißenborn, Wetzlar ainsi que dans la forêt municipale de Gießen mirent à jour des villages jadis occupés par les Chattes. Le château fort d'Altenburg était le lieu de refuge de leur province, château où des milliers de personnes pouvaient trouver abri. Selon toute vraisemblance, les Romains le réduisirent en cendres pour se venger de la participation des Chattes à la bataille de la Forêt de Teutoburg. Les Chattes s'avérèrent très attachés à leur terroir, ce que vient confirmer le fait qu'ils furent l'une des rares peuplades germaniques à ne pas avoir pris part à la migration des peuples. Après le départ des Romains, leurs voisins, qui se retranchèrrent derrière le Limes afin de se protéger des «barbares» Germains, la trace des Chattes se perd dans les ténèbres de l'Histoire. Ils ne firent leur réapparition que lorsque les Francs commencèrent à étendre leur royaume aux territoires qu'ils occupaient. C'est alors que le nom de «Hesse» est mentionné pour la première fois dans les annales. En l'an 738, le pape Grégoire III écrivait dans la langue latine en usage à l'époque: «Gregorius papa universis optimatibus et populo provinciarum germaniae, Thuringis et Hessis ...» (Le pape Grégoire à tous les nobles et au peuple dans les provinces de Germanie, aux Thuringiens et aux Hessois ...) Dans le sillage des Francs apparaît également Saint-Boniface qui christianisa Hessois et Thuringiens demeurés païens jusqu'alors. Les relations entretenues par ces deux provinces restèrent fort étroites à travers tout le Moyen Age. Ce furent les landgraves thuringiens qui imposèrent leur domination à la Hesse. De ce pays vint également Elisabeth de Thuringe qui s'établit à Marburg où elle fonda son célèbre hospice. En 1264, Henri Ier, fils de Sophie von Brabant et petit-fils d'Elisabeth, fut consacré premier landgrave de Hesse. Marburg devint capitale de la Hesse tout comme elle était également le plus important lieu de pèlerinage de l'époque du fait de l'Eglise Ste Elisabeth qui y avait été fondée.
Toutefois, ce n'est qu'à l'époque de la Réforme que la province gagna en importance, après que Philippe Ier le Magnanime (1504–1567) eut apporté son soutien à Martin Luther, moine rebelle, et qu'il eut fondé, en 1527, à Marburg, la première université protestante du monde. La Hesse prit ainsi la tête du mouvement protestant en Allemagne. En 1567, le pays fut partagé entre les héritiers de Philippe Ier. Il en résulta un dualisme entre le nord, où se trouvait Kassel, la résidence, et le sud, avec sa capitale, Darmstadt, dualisme qui opéra ses effets des siècles durant. Même la guerre de Trente Ans, dont le pays sorti atrocement meurtri, vit ces deux parties combattre sur des fronts différents. Pendant la guerre de 1866, les princes hessois prirent le parti de l'Autriche, misant ainsi sur le perdant. La Hesse électorale, l'Etat de Nassau et la ville impériale libre qu'était Francfort furent annexés par la Prusse. Ce n'est qu'en 1945 que la puissance d'occupation américaine donna naissance au Land de Hesse, tel qu'il se présente aujourd'hui. Sur les conseils d'historiens allemands, Dwight D. Eisenhower, commandant en chef et gouverneur militaire, ainsi que son adjoint, Lucius D. Clay, avaient regroupé en un seul Etat les provinces autrefois indépendantes qu'étaient la Hesse-Darmstadt, la Hesse-Kassel et Nassau. Peu de temps auparavant, un transfert de territoire de petite envergure, certes, mais tout à fait spectaculaire, avait eu lieu entre les zones d'occupation américaine et soviétique lorsqu'il avait fallu «échanger» plusieurs villages à cause d'une ligne de chemin de fer. C'est le 4 février 1946 que le premier convoi de réfugiés venant de l'Est fit son entrée à Weilburg. Bien d'autres suivirent. Au cours de la seule année 1946, la Hesse dut héberger 400 000 réfugiés et personnes déplacées. Au fil des années, ce flux finit par atteindre un million deux cent cinquante mille personnes. Des abris de fortune furent aménagés dans un premier temps, puis on procéda à la construction de lotissements. Personnes déplacées et réfugiés trouvèrent en Hesse une nouvelle patrie, contribuant au redressement du pays et de son économie. Lors de la première «Journée de la Hesse», qui eut lieu à Alsfeld en 1961, le ministre-président de l'époque, Georg-August Zinn, constatait avec le pathos qui lui était propre: «Nul doute à cela: dans notre pays, l'actuel pays hessois, une nouvelle conscience s'est fait jour, liée au sentiment d'appartenance à un Etat, né de la réunion des habitants de Hesse-Waldeck, de la Hesse électorale, de Nassau, de la Hesse-Darmstadt et des citoyens de la ville libre d'empire, Francfort. Cette conscience se nourrit de l'esprit de tolérance, de la liberté d'esprit et du sentiment de fierté d'être citoyen de ce pays, de même qu'elle est issue de la tâche commune visant à créer un nouvel ordre étatique. Tolérance, liberté d'esprit et fierté des citoyens, telles doivent être les caractéristiques de ce pays.»

BÄCKEREI

Geschichte zum Anfassen bietet das Freilichtmuseum Hessenpark in Neu-Anspach. Zahlreiche Gebäude aus sechs Jahrhunderten veranschaulichen dem Besucher, wie die Menschen im Gebiet des heutigen Bundeslandes Hessen früher lebten und arbeiteten. In den Häusern und Wirtschaftsgebäuden werden traditionelle hauswirtschaftliche oder handwerkliche Tätigkeiten demonstriert.

The Hessenpark open-air museum in Neu-Anspach brings history within your grasp. A large number of buildings dating back through six centuries show visitors how people in the area that is now the federal state of Hesse used to live and work. Demonstrations of traditional domestic and manual crafts are held in the houses and commercial premises.

Le musée à ciel ouvert «Parc de la Hesse», situé à Neu-Anspach, offre au visiteur une leçon d'Histoire concrète. De nombreux bâtiments remontant à six siècles différents illustrent la façon dont vivaient et travaillaient autrefois les habitants de la région correspondant à l'actuel Land de Hesse. Traditions ménagères, activités artisanales d'antan, sont présentées dans les maisons d'habitation et leurs dépendances.

Eltville, das seinen Namen vom römischen „alta villa“ (lat.: hoch gelegene Stadt) ableitet, zählt zu den ältesten Städten des Rheingaus. Die Burg mit ihrem 24 Meter hohen Wehrturm ist einer der Spielorte des Rheingau Musik-Festivals. Im Turm erinnert eine Gutenberg-Gedenkstätte an den Erfinder der Buchdruckkunst, der mehrere Jahre seines Lebens hier verbrachte.

Eltville, which derives its name from the Roman „alta villa,“ Latin for „high town,“ is one of the oldest towns in the Rheingau. The castle with its 24-metre tower serves as a venue for the Rheingau Music Festival. Inside the tower, a Gutenberg memorial commemorates the inventor of printing, who spent several years of his life here.

Eltville, dont le nom est dérivé du latin «alta villa» (ville haute) compte parmi les plus anciennes cités du Rheingau. Le château fort, flanqué d'un donjon haut de 24 mètres, fait partie des lieux de représentation du Festival de Musique du Rheingau. Dans la tour, le mémorial Gutenberg rappelle que l'inventeur de la presse à imprimer y passa plusieurs années de sa vie.

Der Limburger Dom, ein bedeutendes Beispiel spätromanischer Baukunst und seit 1827 Bischofssitz, liegt in unmittelbarer Nähe der malerischen Altstadt. Durch seine beeindruckende Lage auf den Felsen oberhalb der im 14. Jahrhundert erbauten Lahnbrücke (im Vordergrund) ist das vieltürmige Gotteshaus weithin sichtbar.

Limburg Cathedral, an outstanding example of late Romanesque architecture and a diocesan seat since 1827, is close to the picturesque old town. Its imposing position on a rock above the bridge across the Lahn which was built in the 14th century makes this many-towered church visible from a distance.

La cathédrale de Limburg, important exemple de l'architecture de la fin de l'art roman et siège épiscopal depuis 1827, se trouve à proximité immédiate de la pittoresque vieille ville. Du fait de son imposante position sur un promontoire rocheux au-dessus du pont enjambant la Lahn et datant du XIV siècle, cette maison de culte aux nombreuses tours est visible de loin.

Nur einige Kilometer vom Bergpark Wilhelmshöhe in Kassel entfernt lebt die graziöse Welt des Rokoko im Lustschloss Wilhelmsthal in zauberhafter Frische weiter. Ganz nach französischen Vorbildern erwuchs seit 1753 aus einer kleinen jagdlichen Absteige eine „Maison de Plaisance" – ein ländliches Refugium der Landgrafen und Kurfürsten von Hessen-Kassel.

Only a few kilometres from Wilhelmshöhe hillside park in Kassel, the graceful world of Rococo lives on in enchanting freshness at Wilhelmsthal summer palace. Originally a small hunting lodge, from 1753 it developed into a French-style recreational retreat for the counts and electors of Hesse-Kassel.

A quelques kilomètres seulement du parc aménagé sur la colline de Wilhelmshöhe, à Kassel, le monde plein de grâce du rococo semble revivre au château d'agrément de Wilhelmsthal dans toute sa délicieuse fraîcheur. Un petit pavillon de chasse fut, à partir de 1753, transformé en «Maison de Plaisance», inspirée des châteaux français, et devint le refuge champêtre des landgraves et princes électeurs de la Hesse-Kassel.

Burg Münzenberg ist das Wahrzeichen der Wetterau und neben der Wartburg die bedeutendste Wehranlage des Hochmittelalters in Deutschland. Wegen ihrer zwei Türme wird sie auch als „Wetterauer Tintenfass" bezeichnet. Die Gründung der Burg durch Kuno von Münzenberg geht ins 12. Jahrhundert zurück.

Burg Münzenberg is the hallmark of the Wetterau region and, after the Wartburg, Germany's second most important defensive complex of the high Middle Ages. It is sometimes called the Wetterau Inkwell on account of its twin towers. The castle was founded in the twelfth century by Kuno von Münzenberg.

Le château de Münzenberg est l'emblème de la Wetterau en même temps qu'il constitue, à côté de la Wartburg, le plus important ensemble fortifié du Moyen Age en Allemagne. Ses deux tours lui ont également valu le nom de «Wetterauer Tintenfass», «L'Encrier de la Wetterau». La fondation de ce château par Kuno von Münzenberg, remonte au XIIe siècle.

Aus dem pulsierenden Zentrum der nordhessischen Metropole Kassel, seit der Wiedervereinigung wieder im Herzen Deutschlands, führt eine schnurgerade, mehrere Kilometer lange Allee durch die vornehmen Villenvororte bis in den Naturpark Habichtswald hinein. Den Weg bergauf zum Schloss Wilhelmshöhe säumen bunte Blumen und gepflegte Rasenflächen, die den Besucher an mediterrane oder englische Parkanlagen erinnern. Durch einen der schönsten Parks Europas geht der Weg steil hinauf zum Herkules. Vom Fuße des Kasseler Wahrzeichens bietet sich eine unvergleichliche Aussicht. Zu beiden Seiten der sanftmütigen Fulda liegt die ehemalige landgräfliche und später kurfürstliche Residenzstadt im Kasseler Becken, das von Habichtswald, Reinhardswald, Kaufunger Wald und Söhre gebildet wird. Mit einigen Stadtteilen – besonders im Westen – klettert die Stadt schon die Berge hinauf. Die Luft hier oben wurde bereits vom Leibarzt des Reichskanzlers Bismarck gerühmt, der befand, dass in Wilhelmshöhe „jeder Atemzug einen Taler wert" sei.

Seit seiner fürstlichen Zeit ist Kassel im besonderen Maße den Künsten verbunden. Mit dem Ottoneum – heute Naturkundemuseum – errichtete der Kasseler Hof 1604/05 den ersten festen Theaterbau Deutschlands. Das Fridericianum, heute Zentrum der documenta, einer alle fünf Jahre stattfindenden und international viel beachteten Ausstellung zeitgenössischer Kunst, war das erste öffentliche Museum auf dem europäischen Kontinent. Nur wenige Minuten vom Friedrichsplatz entfernt werden geschichtliche und volkskundliche Sammlungen im Hessischen Landesmuseum präsentiert. In der Orangerie erinnern die ausgestellten Instrumente des Astronomischen Kabinetts an die erste europäische Sternwarte, die 1558 im Zwehrenturm eingerichtet wurde. Am Rand der Oberneustadt bittet die Neue Galerie zu Malerei und Plastik von 1750 bis zur Moderne. Vieles erinnert noch heute an die Hugenotten, die am Ende des 17. Jahrhunderts nach Kassel kamen und für die Landgraf Karl eigens ein neues Stadtviertel mit der achteckigen Karlskirche im Zentrum anlegen ließ.

Die Hugenotten und die aus den savoyischen Alpentälern vertriebenen Waldenser siedelten sich jedoch nicht nur in Kassel an. Vielmehr gründeten sie im nordhessischen Raum zahlreiche neue Ortschaften. Auf einem Ausflug in die grüne Nordspitze des Landes lohnt sich ein Abstecher in die Hugenottendörfer Kelze, Carlsdorf, Friedrichsdorf, Hombressen, Hümme, Beberbeck und Schöneberg rund um Hofgeismar. Dieser früheren Kreisstadt gaben diemelsächsische Zimmerleute mit kunstvoll behauenen Eichen- und Buchenstämmen aus dem nahen Reinhardswald ein unverwechselbares Fachwerkgesicht.

Bürgerlich, aber ebenfalls stilvoll, präsentiert sich die nördlichste Stadt Hessens, Bad Karlshafen. Die zwischen Solling und Reinhardswald an der Mündung der Diemel in die Weser gelegene Barockstadt wurde 1699 ebenfalls von Landgraf Karl für Hugenotten und Waldenser gegründet. Im Deutschen Hugenotten-Museum, gegenüber dem Rathaus in einer ehemaligen Zigarrenfabrik beheimatet, ist dem Leidensweg der französischen Glaubensflüchtlinge und ihrer Ansiedlung in Hessen eine ständige Ausstellung gewidmet.

From the vibrant centre of the north Hessian city of Kassel, which since German reunification has again been in the heart of Germany, an avenue several kilometres long runs straight as a die through up-market residential suburbs into the Habichtswald nature park. The path up to Schloss Wilhelmshöhe is lined by a bright array of flowers and manicured lawns that remind the visitor of Mediterranean or English landscaped gardens. Through one of Europe's loveliest parks the path rises steeply to a statue of Hercules, the emblem of Kassel, from which one enjoys an incomparable view. The city of Kassel, formerly the seat of counts and prince electors, spreads out on either side of the gently-flowing Fulda, confined by the basin formed by the Habichtswald, Reinhardswald, Kaufunger Wald and Söhre. Some districts, particularly in the west of the city, have started climbing the surrounding hills. The quality of the air at this altitude has long been appreciated, among others by Bismarck's personal physician, who said that in Wilhelmshöhe every breath was "worth a thaler." Ever since the days of the princes, Kassel has had a special affinity with the arts. The Ottoneum, commissioned by the Kassel court in 1604/05, was Germany's first permanent theatre building. It is now the natural history museum. The Fridericianum on Friedrichsplatz, now the venue for documenta, the internationally renowned quinquennial exhibition of contemporary art, was the first public museum in continental Europe. Only a few minutes' walk away is the Hessisches Landesmuseum with its historical and ethnological collections. In the Orangerie the instruments of the Astronomical Cabinet are on display, recalling the first

Der Friedrichsplatz in Kassel gehörte einst zu den schönsten Plätzen Europas. Das Ottoneum im Vordergrund ist heute Naturkundemuseum, das Museum Fridericianum (1769–1779) Zentrum der documenta.

Friedrichsplatz in Kassel was once one of Europe's finest squares. The Ottoneum in the foreground now houses the natural history museum, while the Museum Fridericianum (1769–1779) is the venue of the leading contemporary art show documenta.

La Friedrichsplatz, à Kassel, comptait jadis parmi les plus belles places d'Europe. L'Ottoneum, au premier-plan, est aujourd'hui un musée d'histoire naturelle, le Musée Fridericianum (1769–1779) le centre de la documenta.

European observatory, which was established in the Zwehrenturm in 1558. On the edge of the upper new town is the Neue Galerie with its collection of paintings and sculptures dating from 1750 to the modern age. Many traces are still to be found of the Huguenots who came to Kassel at the end of the seventeenth century, and for whom Count Karl had a new district specially built. At its centre stands the octagonal Karlskirche.

The Huguenots and the Waldenses who had been expelled from the alpine valleys of Savoy did not just settle in Kassel, but founded numerous new towns and villages across northern Hesse. On a trip to the green countryside at the northernmost tip of the state, it is worth making a detour to the Huguenot villages of Kelze, Carlsdorf, Friedrichsdorf, Hombressen, Hümme, Beberbeck and Schöneberg scattered round the town of Hofgeismar. The distinctive half-timbered buildings of this former county town owe their appearance to carpenters from further along the River Diemel in Lower Saxony, who applied their artistic carving skills to oak and beech trunks from the nearby Reinhardswald.

Bad Karlshafen, Hesse's northernmost town, is solidly middle-class but stylish. The Baroque town between Solling and Reinhardswald, where the Diemel flows into the Weser, was founded in 1699, likewise by Count Karl. The Deutsches Hugenotten-Museum, housed in a former cigar factory opposite the town hall, has a permanent exhibition dedicated to the trials and tribulations of the Huguenots, persecuted for their religion in France, and the story of how they settled in Hesse.

Zwischen Hofgeismar und dem Reinhardswald weckt im wunderschönen historischen Park das Schlösschen Schönburg Erinnerungen an das klassizistische Bad Hofgeismar.

Set in a wonderful historic park between Hofgeismar and the Reinhardswald, the little palace of Schönburg evokes memories of classicist Bad Hofgeismar.

Situé entre Hofgeismar et le Reinhardswald, le petit château de Schönburg, entouré de son splendide parc historique, évoque l'époque du classicisme à Bad Hofgeismar.

Partant du centre de Kassel, métropole vivrante d'animation du nord de la Hesse, laquelle a retrouvé, depuis la réunification, la place qu'elle occupait au cœur de l'Allemagne, une allée longue de plusieurs kilomètres mène en ligne droite à travers les élégants quartiers résidentiels de ses banlieues jusqu'au parc naturel de Habichtswald. Le chemin grimpant à flanc de colline au château de Wilhelmshöhe est bordé de parterres de fleurs multicolores et de pelouses entretenues avec soin qui évoquent des jardins méditerranéens ou anglais. Ce chemin, traversant l'un des plus beaux parcs d'Europe, monte en pente raide jusqu'à la colossale statue d'Hercule. Au pied de ce symbole de la ville de Kassel, le visiteur découvrira une vue d'une splendeur incomparable. Des deux côtés de la paisible Fulda s'étend, dans une cuvette délimitée par les forêts de Habichtswald, de Reinhardswald, de Kaufunger Wald et de la Söhre, la ville de Kassel, jadis résidence des landgraves puis des princes électeurs. Certains de ses quartiers – tout particulièrement ceux situés dans la partie ouest de la ville – ont déjà investi les collines. L'air vif de ces collines était déjà apprécié par le médecin personnel du chancelier de l'Empire, Bismarck, qui trouvait que «toute aspiration valait bien un thaler». Depuis son époque princière, Kassel affectionne tout particulièrement les arts. En érigeant l'Ottoneum – aujourd'hui Musée d'Histoire naturelle – la Cour de Kassel donna naissance au premier vrai théâtre construit en dur en Allemagne. Le Fridericianum, aujourd'hui centre de la documenta, exposition d'art contemporain qui s'y tient tous les cinq ans et jouit d'une réputation internationale, fut le premier musée public sur le continent européen. A quelques minutes seulement de la Friedrichsplatz, plusieurs collections d'objets relatifs à l'histoire de la civilisation et à l'art populaire sont présentées au Hessisches Landesmuseum (Musée régional de la Hesse). Les instruments que l'on découvrira au Cabinet d'Astronomie qu'abrite l'Orangerie, rappellent que le premier observatoire d'Europe y fut installé dans la Zwehrenturm, en 1558. A la lisière de l'Oberneustadt, la Neue Galerie convie le visiteur à admirer peintures et sculptures d'une période allant de 1750 aux temps modernes. Nombre de bâtiments rappellent de nos jours encore que les Huguenots vinrent s'installer à Kassel vers la fin du XVIIe siècle. C'est à leur intention que le landgrave Charles de Hesse avait fait aménager un nouveau quartier, au centre duquel se trouve la Karlskirche, église octogonale.

Toutefois, les Huguenots et les Vaudois chassés des vallées savoyardes ne s'installèrent pas seulement à Kassel. Ils fondèrent bien plus de nombreuses localités dans le nord de la Hesse. A l'occasion d'une excursion entreprise dans le nord du pays, contrée verdoyante, on ne manquera pas de faire un détour par les anciens villages de Huguenots que sont Kelze, Carlsdorf, Friedrichsdorf, Hombressen, Hümme, Beberbeck et Schöneberg, situés tout autour de Hofgeismar. Des charpentiers saxons vivant en bordure de la Diemel conférèrent à cet ancien chef-lieu d'arrondissement son cachet incomparable de ville toute en colombages. Ils ornèrent les façades des maisons de poutres sculptées en bois de chêne et de hêtre, tous arbres issus de la forêt proche du Reinhardswald.

Bad Karlshafen, la plus septentrionale des villes de la Hesse, est d'aspect bourgeois tout en ayant conservé son cachet historique. Ville baroque située entre le Solling et le Reinhardswald, à la confluence de la Diemel et de la Weser, elle fut également fondée par le landgrave Charles de Hesse en 1699, afin d'y héberger Huguenots et Vaudois. Une exposition permanente que l'on pourra voir au Musée allemand des Huguenots, aménagé dans une ancienne fabrique de cigares, est consacrée au calvaire de ces Français qui, poursuivis en raison de leur religion, vinrent s'établir en Hesse.

Schöneberg gehört zu den Gründungen der Hugenotten in Hessen. In der Inschrift am Turm der Fachwerkkirche von 1705 bleibt das französische Erbe erhalten.

Schöneberg is one of the towns founded by Huguenots in Hesse. This French heritage is preserved in the inscription on the tower of the half-timbered church, built in 1705.

Schöneberg fait partie des villes fondées par les Huguenots en Hesse. Témoin de l'héritage français, l'épigraphe apposé sur la tour de l'église à colombages, qui date de 1705.

Der Bergpark Wilhelmshöhe in Kassel wurde ursprünglich als barocke Anlage konzipiert, später aber im englischen Stil umgestaltet. Über dem Park thront auf einem 63 Meter hohen Oktogon Herkules, auf seine Keule gestützt. Die Wasserspiele mit Kaskaden, Wasserfällen, Aquädukt und großer Fontäne faszinieren an Sommersonntagen auch heute noch viele Besucher aus nah und fern.

The hillside park of Wilhelmshöhe in Kassel was originally designed in Baroque style, but later laid out in the English fashion. A statue of Hercules resting on his club mounted on a 63-metre-high octagonal pedestal towers over the park. On hot summer days the cascades, waterfalls, aqueduct and great fountain still attract a large number of visitors from near and far.

Conçu à l'origine dans le style baroque, le Parc de la Wilhelmshöhe, sur les hauteurs de Kassel fut remanié plus tard sous forme de jardin paysagé à l'anglaise. Surplombant le parc, Hercule, appuyé sur sa massue, trône sur un octogone haut de 63 mètres. Les jeux d'eau avec leurs cascades, les chutes d'eau, l'aqueduc ainsi que les grandes fontaines continuent de fasciner, le dimanche, un public nombreux venu, en été, de près et de loin.

Einmal bei Dornröschen wohnen – wer wollte da Nein sagen! Tief im Reinhardswald nördlich von Kassel, da, wo sich die Geschichte von der verwunschenen Königstochter ereignet haben soll, können Sie sich diesen Wunsch erfüllen. Das fast 700 Jahre alte ehemalige Jagdschloss Sababurg mit seinen beiden mächtigen Rundtürmen wurde bereits in den 1950er-Jahren zum Hotel ausgebaut.

Who wouldn't want to stay in Sleeping Beauty country? Deep in the Reinhardswald, north of Kassel, in the very spot where the story of the enchanted king's daughter is said to have taken place, you can fulfil this dream. The 700-year-old Sababurg with its two massive round towers, a former hunting palace, was converted into a hotel in the 1950s.

Séjourner une fois dans sa vie au château de la Belle au bois dormant – qui ne le voudrait pas! C'est au plus profond de la Forêt du Reinhardswald, au nord de Kassel, là où se serait déroulée l'histoire de cette fille de roi enchantée, vous pourrez exaucer ce désir. Le Sababurg, château de chasse de 700 ans d'âge, flanqué de deux puissantes tours circulaires fut en effet transformé en hôtel dès les années 1950.

Bad Karlshafen an der Weser wurde als Zielpunkt eines ehrgeizigen Kanalprojekts von Landgraf Karl 1699 gegründet. Das Projekt scheiterte – das Hafenbecken mit dem Rathaus und die Stadtanlage mit dem einheitlichen Barockambiente blieben bis heute erhalten. Mit der Entdeckung einer Solequelle im Jahr 1730 wurde der Grundstein für den heutigen Kurbetrieb gelegt.

Bad Karlshafen on the River Weser was founded in 1699 as the intended site of an ambitious canal project of Count Karl. The project fell through, but the harbour basin, town hall and townscape with its uniform Baroque ambience remain to this day. The discovery in 1730 of a salt-water spring was to become the foundation stone for the town's present-day popularity as a health resort.

Bad Karlshafen, au bord de la Weser, fut fondé en 1699 par le landgrave Charles de Hesse pour être le point d'aboutissement d'un canal. Si cet ambitieux projet échoua, le bassin portuaire et l'hôtel de ville ont été, quant à eux, préservés jusqu'à nos jours, de même que la configuration baroque homogène de la ville. La découverte, en 1730, d'une source d'eau saline fit de Bad Karlshafen une station thermale fréquentée jusqu'à aujourd'hui.

Das im lieblichen Werratal am Nordrand des Naturparks Meißner-Kaufunger Wald im 8. Jahrhundert von Witta von Büraburg gegründete Witzenhausen erhielt im 13. Jahrhundert Stadtrechte. Da bedeutende Fernverkehrswege von der hessischen Residenz Kassel über Witzenhausen nach Thüringen führten, zog die Stadt dabei so großen Vorteil aus ihrer Lage an einem stark frequentierten Werraübergang, dass Georg Landau Witzenhausen in seinem 1842 erschienenen Buch „Malerische Ansichten von Hessen" zu den „freundlichsten und wohlhabendsten hessischen Landstädten" zählen konnte. Allerdings verdankte die Stadt ihren Reichtum nicht nur den Zolleinnahmen, sondern auch der Landwirtschaft und vor allem der Obstzucht. In Witzenhausen, das als Stadt der Kirschen weit über die hessischen Grenzen hinaus bekannt ist, gedeihen durch die geschützte Lage zwischen Kaufunger Wald, Meißner und Eichsfeld die edelsten Kirschsorten. Und wenn im Frühjahr Hunderttausende von Kirschbäumen in Blüte stehen, wirkt das gesamte Land wie von einem weißen Teppich überzogen.

Allendorf am rechten Ufer der Werra ist eine entzückende Kleinstadt mit schönem Marktplatz und uralten, rauschenden Brunnen unter schattigen Lindenbäumen. Eine Brücke verbindet das Städtchen mit dem nicht weniger altertümlichen Sooden. Während der wirtschaftlichen Blütezeit der beiden 1929 vereinigten Ortschaften Sooden und Allendorf wurden in den zahlreichen Siedehäusern jährlich mehr als 200 000 Zentner Salz produziert. Schwer beladene Wagen brachten es weit hinein ins Land, denn Salz war noch selten und teuer. Die Pfänner – so nannte man die Besitzer einer Siedeanlage – wurden reich, wovon ihre schönen, großen Fachwerkhäuser im Stadtteil Allendorf zeugen. Als durch auftretende Konkurrenz die Preise des „Weißen Goldes" in den Keller stürzten, entwickelte sich der Ort zu einem Solebad. Mittlerweile zählt er zu den bedeutendsten Heilbädern in Deutschland.

Wenn die Uhr auf dem Turm des landgräflichen Schlosses in der märchenhaft schönen Kreisstadt Eschwege die volle Stunde schlägt, tritt der „Dietemann" heraus und bläst in sein Horn. Den Bürgern gilt das Männlein mit seinem roten Umhang als lieb gewordenes Symbol für Wehrhaftigkeit und Schutz. Am Fuße des Leuchtberges gelegen, entwickelte sich der Mittelpunkt des hessischen Werralandes aus einem sächsischen Königshof bis Mitte des 13. Jahrhunderts zur Stadt. Die mit Flachschnitzereien und figürlichen Eckpfosten versehenen Fachwerkhäuser aus dem 17. bis 19. Jahrhundert, unter ihnen das Raiffeisenhaus (1679) und das Alte Rathaus (1650/60), zählen zu den Sehenswürdigkeiten Eschweges. Die Steinkanzel in der Neustädter Katharinenkirche gilt als die bedeutendste spätgotische Kanzel in hessischen Gotteshäusern. Im Stil der Renaissance wurde im 16. Jahrhundert das dreiflügelige Schloss des Landgrafen errichtet, in dessen Hof der mit zahlreichen Motiven versehene Frau-Holle-Brunnen an das Grimmsche Märchen erinnert. Zehn Kilometer westlich des Werratals liegt der Hohe Meißner. Im 93 000 Hektar großen Naturpark Meißner-Kaufunger Wald bildet er mit 754 Metern die höchste Erhebung in diesem Teil Nordhessens und wird aufgrund seiner herausragenden Form der „König der hessischen Berge" genannt. Schon in früheren Zeiten rankten sich zahlreiche Sagen um diesen wuchtigen Berg. Besonders romantisch sind in den Wintermonaten Spaziergänge um den an der Strecke von Schwalbental nach Kammerbach (L 3242) gelegenen „Frau-Holle-Teich", wenn bei klirrender Kälte und dichtem Schneetreiben das Märchen der Brüder Grimm lebendig zu werden scheint. Am Fuße des Bergmassivs liegt das Fachwerkstädtchen Hessisch-Lichtenau, das einer Anordnung des Landgrafen Heinrich I., „(...) auf dieser lichten Aue soll mir eine Stadt entstehen", seine Gründung im Jahr 1289 verdankt. Die alte Stadtmauer mit ihren Wehrtürmen aus dem 14. Jahrhundert umfasst die verwinkelten Fachwerkhäuser des historischen Altstadtkerns, der durch das stattliche Rathaus (1651–1655) und die gotische Pfarrkirche geprägt wird.

Berühmt sind die Obstbestände des unteren Werratals bei Witzenhausen.

The lower Werra valley around Witzenhausen is renowned for its orchards.

La région bordant le cours inférieur de la Werra, près de Witzenhausen, est fameuse pour son arboriculture fruitière.

Witzenhausen lies in the delightful Werra valley on the northern fringe of the Meissner-Kaufunger Wald nature park. Founded in the eighth century by Witta von Büraburg, it received its town charter in the thirteenth century. The town had the good fortune to be situated on important transport routes from the Hessian capital Kassel to Thuringia, and derived great benefit from its situation at a busy crossing of the River Werra. As a result, in his book "Malerische Ansichten von Hessen" (Picturesque Views of Hesse), published in 1842, Georg Landau was able to number Witzenhausen among the "most pleasant and prosperous Hessian country towns." However, the town did not owe its wealth to customs revenue alone, but also to agriculture all fruit-growing. Above all, it has a reputation far beyond the borders of Hesse for its cherries, the finest varieties of which flourish here as a resulted of the area's sheltered position between Kaufunger Wald, Meissner and Eichsfeld. In late spring, when thousands of cherry trees are in blossom, the whole region is a carpet of white.

Allendorf on the right bank of the Werra is an enchanting small town with an attractive market square and ancient, murmuring springs beneath shady linden trees. A bridge links the town to the equally old-world Sooden, and indeed the two towns became one in 1929. During their economic heyday more than 200,000 hundredweight of salt each year was produced in their numerous saltworks. Heavily laden carts delivered it far and wide, for salt was still a rare and expensive commodity. The panners, as the men who owned the saltworks were known, grew rich, a fact to which their fine, large half-timbered houses in Allendorf testify. When increasing competition sent the price of the "white gold" plummeting, the town developed into a salt-water spa. It is now one of Germany's leading spa towns.

When the clock in the tower of the counts' castle in the fairy-tale county town of Eschwege strikes the hour, the "Dietemann" comes out to blow his horn. Local people have an affectionate regard for the little man in the red cloak, who is seen as a symbol of stalwartness and protection. Eschwege, which lies at the foot of the Leuchtberg mountain, is the centre of the Hessian Werra region. Originally the court of a Saxon king, by the mid-thirteenth century it had grown into a town. Among its sights are half-timbered houses with bas-relief carvings and figurative corner-posts dating from the seventeeth to nineteenth century, among them the Raiffeisenhaus (1679) and the Altes Rathaus

Als der Salzhandel in Bad Sooden-Allendorf nicht mehr lukrativ genug war, verlegten sich die Einwohner auf den Kurbetrieb. Das schöne Gradierwerk hilft den Kurgästen mit seiner würzigen Salzluft bei Atemwegserkrankungen.

When the salt trade in Bad Sooden-Allendorf ceased to be lucrative, local people turned to the health spa business. The attractive Gradierwerk with its tangy salt air brings relief to visitors with respiratory complaints.

Lorsque le commerce du sel, à Bad Sooden-Allendorf, ne fut plus assez lucratif, les habitants découvrirent la vocation thermale de leur localité. Les curistes souffrant d'affections des voies respiratoires, viennent y chercher remède en respirant l'air salé et aromatique se dégageant du beau bâtiment de graduation.

or Old Town Hall (1650/60). The stone chancel in the Katharinenkirche in the Neustadt district is regarded as the finest late Gothic chancel in any church in Hesse. The Renaissance-style palace with its three wings was built in the sixteenth century. In its courtyard stands the Frau Holle fountain, whose name and numerous motifs recall a popular Brothers Grimms' fairy tale.

Ten kilometres to the west of the Werra valley, in the 93,000-hectare Meissner-Kaufunger Wald nature park, is the Hoher Meissner, whose 754-metre-high peak makes it the highest elevation in northern Hesse. It is often called the "king of the Hessian mountains" on the account of its prominence in the landscape. Even in earlier times numerous legends were woven around this massive hill, and the Brothers Grimm did their bit to ensure that Frau Holle has become a popular byword in Germany. The winter months are a particularly romantic time to take a walk around "Frau Holle's Pond," which lies off the L 3242 road from Schwalbental to Kammerbach. On a crisp cold day when thick snow is swirling, the fairy-tale seems to come to life. At the foot of the upland massif is the little town of Hessisch-Lichtenau with its half-timbered houses. It owed its founding in 1289 to Count Heinrich I, who decreed, "... on this clear meadow shall a town be built." The ancient town wall with its towers dating back to the fourteenth century surrounds the quaint half-timbered buildings of the historic old town core, which is distinguished by a handsome town hall (1651/55) and the Gothic parish church.

C'est au VIIIe siècle que la petite ville de Witzenhausen se vit conférer les droits municipaux. Située dans la riante vallée de la Werra, aux confins nord du parc régional de «Meißner-Kaufunger Wald», elle avait été fondée au VIIIe siècle par Witta von Büraburg. Son emplacement, à l'intersection d'importantes voies de communication menant de Kassel, la résidence hessoise, en Thuringe de même qu'en bordure d'un passage très fréquenté enjambant la Werra, lui valut un tel avantage que Georg Landau, dans son livre «Malerische Ansichten von Hessen» pouvait déjà compter Witzenhausen parmi les localités «les plus charmantes et les plus aisées de la Hesse». Toutefois, la richesse de cette petite ville n'était pas fondée que sur les recettes tirées du péage. Elle la devait également à l'agriculture et tout particulièrement à l'arboriculture fruitière. Ville de la cerise connue bien au-delà des frontières de la Hesse, son site abrité entre le Kaufunger Wald, le Meißner et Eichsfeld, favorise la culture des plus exquises variétés de ces fruits. Lorsque les centaines de milliers de cerisiers fleurissent au printemps, tout le pays semble recouvert d'un tapis blanc.

Allendorf, sur la rive droite de la Werra, est une séduisante petite ville. Sur la belle Place du Marché bruissent d'anciennes fontaines, à l'ombre des tilleuls. Un pont relie la petite ville à Sooden, cité non moins ancienne. A l'époque où Sooden et Allendorf – qui fusionnèrent en 1929 – connurent leur apogée économique, plus de 200 000 quintaux de sel étaient produits chaque année dans les nombreuses sauneries de ces deux villes. Des véhicules pesamment chargés acheminaient le sel loin dans le pays, car ce produit était alors rare et cher. Aussi les «Pfänner», proriétaires des sauneries, s'enrichirent-ils rapidement. En témoignent les belles et grandes maisons à colombages du quartier d'Allendorf Mais du jour où la concurrence vint faire chuter les prix de l'«or blanc», la localité se découvrit une vocation de ville d'eaux. Depuis lors, elle compte parmi les plus importantes stations thermales d'Allemagne.

Lorsque, à Eschwege, chef-lieu d'arrondissement et ravissante ville, l'horloge de la tour du Château des Landgraves d'Eschwege sonne les heures, le «Dietemann» fait son apparition et souffle dans son cor. Les habitants affectionnent ce bonhomme à la cape rouge, symbole, à leurs yeux, de vaillance et de sécurité. Situé au pied du Leuchtberg, dans le pays de la Werra, ce centre hessois fut résidence de la cour de Saxe jusqu'au XIIIe siècle et s'urbanisa par la suite. Parmi les curiosités d'Eschwege, on remarquera tout particulièrement les maisons à colombages datant du XVIIe au XIXe siècles et agrémentées de reliefs ouvragés ainsi que de corniers ornés de personnages, dont la Raiffeisenhaus (1679) et l'Altes Rathaus, Ancien Hôtel de Ville, construit en 1650/60. La chaire en pierre de la Neustädter Katharinenkirche, issue du gothique, est considérée comme la plus importante de ce style parmi toutes les églises de Hesse. Le Château des Landgraves, dans la cour duquel on trouvera la Fontaine de «Dame Holle» – qui rappelle le conte des frères Grimm – fut construite au XVIe siècle et est de style Renaissance.

C'est à 10 kilomètres à l'ouest de la vallée de la Werra que se dresse le Hoher Meißner. Situé dans le parc régional de «Meißner-Kaufunger-Wald», qui s'étend sur 93 000 hectares, il constitue la plus importante éminence (754 m) du nord de la Hesse et s'est vu attribuer le nom de «roi des montagnes hessoises» du fait de son imposante forme. De nombreuses légendes sont venues se greffer, par le passé, autour de cette montagne trapue. Les frères Grimm y ont, eux aussi, contribué et le personnage d'un de leurs contes, «Dame Holle», est demeuré jusqu'à nos jours un élément de l'imagerie populaire. Pendant les mois d'hiver, lorsque le froid se fait cinglant et qu'une tempête de neige semble vouloir faire renaitre cette fable, rien n'est plus romantique que de faire une promenade autour de l«Etang de Dame Holle», situé en bordure de la route Schwalbental-Kaammerbach (L 3242). Au pied de ce massif montagneux s'étale Hessisch-Lichtenau, petite ville aux nombreux colombages qui doit d'avoir vu le jour à la décision du landgrave Henri Ier, qui, en 1289, déclara: «Qu'on me crée une ville dans cette claire vallée fluviale ...». Les vieux remparts dotés d'échauguettes, remontant au XIVe siècle, ceinturent le noyau urbain historique, dominé par l'imposant Hôtel de Ville (1651/55) et l'église paroissiale de style gothique.

Das romantische Bad Sooden-Allendorf, im schönen Werratal zwischen Thüringer Wald und Hohem Meißner gelegen, zählt weithin als Perle unter den Fachwerkstädten in Deutschland. Das Zentrum des gut erhaltenen Fachwerkkerns der Altstadt im Stadtteil Allendorf bildet der Marktplatz. Oberhalb davon reihen sich viele kleine Gassen, gesäumt von alten Fachwerkhäusern, aneinander und laden zum entspannten Bummeln und Bewundern ein.

Romantic Bad Sooden-Allendorf, set in the lovely Werra valley between the Thuringian Forest and the Hoher Meissner, is known far and wide for its fine half-timbered buildings. The Marktplatz (market square) is the centre of Allendorf's well-preserved half-timbered Altstadt. The many narrow streets that run above the Marktplatz are lined with old half-timbered houses that invite you to take your time and stroll around and admire them.

La romantique petite ville de Bad Sooden-Allendorf, située dans la belle vallée de la Werra, entre la Forêt de Thuringe et le Hoher Meißner, est généralement considérée comme la perle des villes à colombages d'Allemagne. Dans le quartier Allendorf, le Marktplatz, Place du Marché, constitue le centre du noyau urbain tout en colombages et bien conservé de la vieille ville.

ANNO
1637

Wenn die Uhr auf dem Turm des landgräflichen Schlosses in der märchenhaft schönen Kreisstadt Eschwege die volle Stunde schlägt, tritt der „Dietemann“ heraus und bläst in sein Horn. Den Bürgern gilt das Männlein mit seinem roten Umhang als lieb gewordenes Symbol für Wehrhaftigkeit und Schutz.

When the clock in the tower of the count's castle in the fairy-tale district town of Eschwege strikes the full hour, the „Dietemann“ emerges to blow his horn. For local people, the little man in the red cloak is a well-loved symbol of steadfastness and protection.

Lorsque, dans la fort belle ville d'Eschwege, le carillon de la tour du Château des Landgraves sonne les heures, le moment est venu pour le «Dietemann» d'entrer en scène pour sonner du clairon. Les habitants voient dans ce petit bonhomme à la cape rouge un symbole cher à leur cœur de vaillance et de protection.

Genau genommen gehört das Waldecker Land erst seit dem 20. Jahrhundert zu Hessen. Seit dem Mittelalter entwickelte es sich als selbstständige Grafschaft (später Fürstentum) im Nordwesten des heutigen Bundeslandes. Erst mit der Abdankung des letzten Fürsten 1918 begann die schrittweise Eingliederung in das Land Hessen.

Als in Willingen im Waldecker Upland um das Jahr 1900 die ersten „Schneeschuhe" von dem damaligen Förster Eduard Erbe eingeführt wurden, war dies nicht gleich der Startschuss zur Entwicklung des Skisports im nördlichen Hessen. Vielmehr dienten die Hölzer den Einheimischen zunächst als „Verkehrshilfsmittel", um den Schnee zu überwinden. Traute sich die Dorfjugend anfangs nur sehr zögerlich an dieses neue Fortbewegungsmittel heran, so fanden im Laufe der Jahre immer mehr Einheimische und Touristen Gefallen an der blitzschnellen Fahrt auf zwei Brettern den 838 Meter hohen Ettelsberg hinunter. Von hier oben bietet sich ein majestätischer Blick auf den Langenberg, mit 843 Metern die höchste Erhebung des Sauerlandes, oder den Kahlen Pön im benachbarten Usseln.

Kulturliebhaber werden beeindruckt durch die Barockstadt Bad Arolsen schlendern, den Reiz der alten Eichenalleen und gepflegten Parkanlagen genießen sowie die zahlreichen Bürger- und Fachwerkhäuser, das prächtige Schloss und die Museen besichtigen. So erinnert die Sammlung im Schreiberschen Haus an die bedeutende Malerfamilie Kaulbach. Christian Daniel Rauch (1777–1857), einer der bedeutendsten Bildhauer des deutschen Klassizismus, wurde im Lakaienhaus geboren. Das Residenzschloss verdankt seine Entstehung den Plänen des Fürsten Friedrich Anton Ulrich zu Waldeck (1676–1728), der 1711 in den Reichsfürstenstand erhoben wurde. 1720 hielt das Fürstenpaar feierlichen Einzug in dem Versailles nachempfundenen Schloss, das bis zum Ende des Ersten Weltkrieges die Residenz der Fürsten von Waldeck und Pyrmont blieb. Ein gesellschaftliches Ereignis von besonderem Glanz sind die alljährlichen Barockfestspiele.

Den Mittelpunkt Waldecks bildet die tausend Jahre alte Hansestadt Korbach, deren mittelalterliches Stadtbild mit doppeltem Stadtmauerring gut erhalten ist. Schöne Fachwerk- und Patrizierhäuser, die beiden stattlichen Kirchen St. Kilian und St. Nikolai erzählen von einer reichen Vergangenheit. Viel älter noch als die Stadt selbst ist die „Korbacher Spalte", in der Wissenschaftler erst in jüngerer Zeit auf 250 Millionen Jahre alte Wirbeltiere gestoßen sind. Westlich von Korbach weist die herbe, unruhig gekuppte Mittelgebirgslandschaft mit dem 562 Meter hohen Eisenberg eine geologische Besonderheit auf. Er ist wohl der einzige „Goldberg" in Deutschland, mit etwas Geduld lässt sich in den Zuflüssen der Eder noch heute Gold waschen. Die Eder, 177 Kilometer langer linker Nebenfluss der Fulda, entspringt auf dem Ederkopf im westfälischen Rothaargebirge. Bei Hemfurth wurde der Fluss im Jahr 1912 mit der Errichtung einer Sperrmauer gestaut. Der so entstandene 27 Kilometer lange Edersee ist heute das unangefochtene Zentrum des Tourismus im Waldecker Land.

Inmitten der über 700-jährigen Altstadt des mondänen Kurortes Bad Wildungen, der schon Ende des 14. Jahrhunderts für die besondere Heilkraft seiner mehr als zwanzig Quellen bekannt war, liegt die Evangelische Stadtkirche mit dem berühmten „Wildunger Altar", den Conrad von Soest im Jahr 1403 vollendet hat. Bei einem Ausflug in die wildreichen Wälder des Kellerwaldes stößt der Wanderer in der Umgebung des Örtchens Bergfreiheit immer wieder auf Relikte der Metallverarbeitung. Hier könnte möglicherweise der Ursprung des Grimmschen Märchens „Schneewittchen und die sieben Zwerge" zu finden sein. Am Westrand des Kellerwaldes liegt das frühere Zisterzienser-Kloster Haina. Um 1215 wurde mit dem Bau der Klosteranlagen begonnen, die sich im Laufe der Jahrhunderte zu einer der reichsten Abteien in Hessen entwickelten. Im Verlauf der Reformation wurde das Kloster durch Landgraf Philipp den Großmütigen in ein Hospital umgewandelt. Die durch ihre schlichte Größe beeindruckende Klosterkirche steht zur Besichtigung offen.

An der Stelle einer fränkischen Befestigung legte wahrscheinlich der hessisch-thüringische Landgraf 1230–1240 Stadt und Burg Frankenberg an. Im Mittelalter spielte die Stadt in Hessen eine bedeutende Rolle, denn sie lag an der großen Straße von Westfalen über die Wetterau nach Frankfurt. Besonders zur Zeit der Messe war sie sehr belebt. Frankenberger Häute und Tuche standen in gutem Ruf. Vom Burgberg, den seit dem 14. Jahrhundert eine herrliche Kirche krönt, zieht sich die Stadt am Abhang hinunter bis ins Edertal. In der malerischen Altstadt mit ihren Fachwerkhäusern mit Ziegelsteinausmauerungen und mehrgeschossigen Eckerkern imponiert zwischen Ober- und Untermarkt insbesondere das spätgotische, 1509 nach einem Brand erneuerte Rathaus mit seinen zehn Türmen.

Die Kilianskirche (1335–1450) in der Korbacher Altstadt.

St Kilian's Church (1335–1450) in Korbach's historic town centre.

La Kilianskirche (1335–1450) de la vieille ville de Korbach.

Strictly speaking, the Waldeck region or Waldecker Land only became part of Hesse in the twentieth century. From the Middle Ages it had become first an independent county, and later a principality, in the northwest of the present federal state. Not until the last prince abdicated in 1918 was it incorporated step by step into the state of Hesse.

When the forester Eduard Erbe introduced the first "snow shoes" in Willingen in the uplands of Waldeck around 1900, it did not at once mark the start of skiing as a sport in northern Hesse. The wooden boards were used by local people to help them move around in the snow. Village youths may initially have been hesitant to try out this new form of transport, but in the course of the years more and more locals and tourists alike found a thrill in skimming down the 838-metre Ettelsberg on two boards at lightning speed. From the top of the Ettelsberg there is a majestic view of the 843-metre Langenberg, the highest mountain in the Sauerland region, and of Kahler Pön in neighbouring Usseln.

Lovers of culture will be impressed by a stroll through the Baroque town of Bad Arolsen, enjoy the charm of avenues of mature oak trees and well-kept parks, elegant townhouses and half-timbered buildings, and take a look at the fine palace and the museums. The collection in the Schreiber House recalls the Kaulbachs, a prominent family of painters. Christian Daniel Rauch (1777–1857), a leading sculptor of the German classicist school, was born in the Lakaienhaus (Lackeys' House). The palace, inspired by Versailles, owes its building to plans by Prince Friedrich Anton Ulrich zu Waldeck (1676–1728), who was promoted to the rank of imperial prince in 1711. In 1720 the royal couple moved ceremoniously into the palace, which remained the seat of the princes of Waldeck and Pyrmont until the end of World War I. The annual Baroque festival is a particularly glittering social occasion.

The centrepoint of the Waldeck region is the thousand-year-old Hanseatic town of Korbach, whose mediaeval townscape has been well preserved, including a twin wall encircling the historic town centre. Fine half-timbered buildings and patrician houses and the two stately churches of St Kilian and St Nikolai tell of a prosperous past. Much older still than the town itself is the Korbach Rift, where in the fairly recent past scientists discovered the skeletons of 250-million-year-old vertebrates. To the west of Korbach, the austere landscape of the Mittelgebirge with its irregular hilltops and the 562-metre Eisenberg boasts a special geological feature – it is what must be Germany's only "gold mountain." With a little patience, you can still pan gold in the streams that flow into the Eder. The 177-kilome-

tre-long Eder, the left tributary of the Fulda, rises on the Ederkopf in the Rothaar mountains of Westphalia. In 1912, the river was dammed at Hemfurth to create the 27-kilometre-long Edersee lake, now the undisputed centre of tourism in the Waldeck region.
The sophisticated spa town Bad Wildungen was known as far back as the fourteenth century for the special healing powers of its 20-plus springs. The focal point of its 700-year-old town centre is the Protestant church containing the famous Wildungen Altar completed by Conrad von Soest in 1403. Exploring the Kellerwald forest, which is rich in game, in the environs of the village of Bergfreiheit the walker will repeatedly come across remains of the metal-processing industry. The origins of the Grimms' fairy tale "Snow White and the Seven Dwarfs" could well be found here. On the western edge of the Kellerwald is the former Cistercian monastery of Haina. Building of the monastery complex was begun in 1215 and in the course of the centuries it became one of the richest abbeys in Hesse. During the Reformation Count Philipp the Magnanimous transformed the monastery into a hospital. The monastery church, impressive for its simplicity and size, is open to visitors.
The town and castle of Frankenberg were built on the site of a Frankish fortress, probably by the Count of Hesse and Thuringia, in 1230–1240. In the Middle Ages, the town played an important role in Hesse, being situated on the main road from Westphalia across the Wetterau to Frankfurt. Particularly at the time of the Frankfurt Fair, it was very busy. Frankenberg skins and cloth had a good reputation. From the castle hill, which since the fourteenth century has been crowned by a superb church, the town spreads down the hillside to the Eder valley. The picturesque Altstadt between the upper and lower market squares is characterised by half-timbered brick buildings and corner oriels extending over several floors. Particularly impressive is the ten-towered town hall in Late Gothic style, which was rebuilt after a fire in 1509.

Der Fürstenhof in Bad Wildungen.

The Fürstenhof in Bad Wildungen.

Le Fürstenhof à Bad Wildungen.

Le Pays de Waldeck ne fait réellement partie de la Hesse que depuis le début du XXe siècle. S'étendant dans la zone nord-ouest de l'actuelle province, il constitua un comté indépendant dès le Moyen Age avant de devenir principauté. Ce n'est qu'en 1918, après l'abdication du dernier prince que s'amorça son intégration progressive au Land de Hesse.
Lorsque, au tournant du XXe siècle, Eduard Erbe, alors garde forestier à Willingen, dans le Waldecker Upland, inventa les premières «chaussures de neige», cela ne signifia pas, certes que le ski était né, en tant que sport, dans le nord de la Hesse. Dans un premier temps, ces lames de bois tinrent lieu d'«auxiliaires de la circulation» aux autochtones qui s'en servaient pour triompher des pistes enneigées. Alors que les jeunes villageois ne se risquèrent tout d'abord qu'avec force hésitation sur ce nouveau moyen de locomotion, un nombre croissant d'habitants de la région et de touristes prirent plaisir, au fil des années, à descendre à toute allure les 838 mètres de l'Ettelsberg sur ces deux planches. Du sommet se dégage une vue majestueuse sur le Langenberg qui, avec ses 843 mètres d'altitude, est la montagne la plus éleveé du Sauerland, mais aussi sur le Kahlen Pön, dans le pays voisin de Usseln.
Les amateurs de culture flânant à travers Bad Arolsen ne manqueront pas d'être impressionnés par cette ville baroque. Ils goûteront le charme des allées de vieux chênes et des parcs soigneusement entretenus de cette ville dotée de nombreuses maisons bourgeoises ou à colombages, d'un splendide château et de différents musées. La collection de tableaux exposés à la «Schreibersche Haus» rappelle que l'éminente famille de peintres des Kaulbach y habita. Christian Daniel Rauch (1777–1857), l'un des plus importants sculpteurs du classicisme allemand, vit le jour dans la «Maison des Laquais». Le château doit son origine au prince Friedrich Anton Ulrich zu Waldeck (1676–1728), fait prince de l'empire en 1711, qui en dessina les plans. C'est en 1720 que le couple princier fit son entrée solennelle dans ce château qui évoque celui de Versailles et fut la résidence des princes de Waldeck et Pyrmont jusqu'à la fin de la Première Guerre mondiale. Les Festivals du Baroque qui s'y tiennent chaque année constituent un événement mondain d'un faste tout particulier.
Au cœur du Pays de Waldeck se trouve Korbach, cité millénaire anciennement membre de la Hanse, dont le caractère médiéval et le double mur d'enceinte ont été bien préservés. Les splendides bâtiments à pans de bois, les maisons patriciennes, les deux imposantes églises, St. Kilian et St. Nikolai, sont autant de témoins d'un passé fécond. La «Korbacher Spalte» (La Fente de Korbach) est, elle, encore bien plus ancienne. Au cours de fouilles faites récemment, des scientifiques y ont en effet découvert des vertébrés vieux de plus de 250 millions d'années. A l'ouest de Korbach, les austères montagnes moyennes, à la croupe accidentée, d'où pointe le Eisenberg (562 m), présentent une singularité géologique. Ce dernier mont recèle en effet probablement la seule «mine d'or» d'Allemagne. En s'armant de patience, on pourra encore, de nos jours, laver de l'or dans les affluents de l'Eder. Cette rivière de 177 kilomètres de long, affluent de la rive gauche de la Fulda, prend sa source sur le Ederkopf, dans le massif du Rothaargebirge, en Westphalie. C'est à proximité de Hemfurth, en 1912, qu'un barrage fut construit sur cette rivière. Le Lac d'Eder, ainsi aménagé, s'étend sur 27 kilomètres et constitue aujourd'hui le centre incontesté du tourisme du Pays de Waldeck.
Au cœur de la vieille ville de Bad Wildungen, station thermale mondaine, vieille de 700 ans, et connue dès la fin du XIVe siècle pour les vertus curatives de ses quelque 20 sources, se trouve la «Evangelische Stadtkirche», église abritant le célèbre «Autel de Wildungen» que Conrad von Soest acheva en 1403. En se promenant dans les forêts giboyeuses du Kellerwald, le randonneur trouvera, dans les environs de la bourgade «Bergfreiheit», certains vestiges remontant à l'ère du travail des métaux. C'est également dans ce cadre que pourrait avoir pris naissance le conte de Grimm «Blanche Neige et les Sept Nains». A la lisière ouest du Kellerwald se trouve Haina, ancien couvent de moines cisterciens. C'est en 1215 que fut amorcée la construction des bâtiments de ce couvent, qui, au fil des siècles, devint l'une des plus riches abbayes de la Hesse. Pendant la Réforme, il fut transformé en hospice par le landgrave Philippe le Magnanime. L'église abbatiale, impressionnante par ses dimensions et sa sobriété, peut être visitée.
C'est vraisemblablement à l'emplacement de fortifications remontant à l'époque des Francs que le landgrave de Hesse et de Thuringe fonda, entre 1230 et 1240, la ville de Frankenberg et qu'il y bâtit son château fort. Située en bordure de la voie importante menant de Westphalie à Francfort, voie qui traversait la Wetterau et était fort fréquentée en période de foire, cette ville joua un rôle important dans la Hesse du Moyen Age. Peaux et draps de Frankenberg étaient alors fort réputés. Du Burgberg que couronne une magnifique église depuis le XIVe siècle, la ville s'étage à flanc de colline jusque dans la vallée de l'Eder. Dans sa pittoresque vieille ville, dotée de maisons à colombages au maçonnage de briques et aux oriels en coin, on remarquera tout particulièrement, entre Obermarkt et Untermarkt, l'hôtel de ville, édifice du gothique flamboyant qui fut rénové en 1509 après sa destruction par un incendie, ses dix tours, sa grande salle d'apparat, au rez-de-chaussée, ainsi que les sculptures sur consoles splendidement ouvragées.

Das Barockschloss in Bad Arolsen wurde 1713–1728 als Residenz der Fürsten von Waldeck erbaut. Die Fürstenfamilie lebt noch heute in einem Flügel des Schlosses. Die Stadt mit ihren Alleen und zahlreichen Barockbauten wirkt romantisch und beschaulich.

The Baroque palace in Bad Arolsen was built between 1713 and 1728 as the seat of the princes of Waldeck. The family still lives in one wing of the palace. With its avenues and numerous Baroque buildings, the town retains a romantic, tranquil air.

Le château baroque de Bad Arolsen fut construit de 1713 à 1728 pour servir de résidence aux princes de Waldeck. Les descendants de cette famille princière vivent toujours dans l'une des ailes du château. Avec ses allées et ses nombreux édifices de style baroque, la ville distille de nos jours encore une atmosphère toute romantique et paisible.

In der malerischen Korbacher Altstadt zeugen mächtige gotische Hallenkirchen, feuerfeste Lagerhäuser und reich verzierte Fachwerkbauten von einer großen Vergangenheit. Das prunkvolle Portal des Patrizierhauses in der Stechbahn (1720) stammt aus der Werkstatt des Immighäuser Bildhauers J. W. Brützel.

In picturesque Korbach old town, mighty Gothic hall churches, fireproof warehouses and ornate half-timbered buildings provide testimony to a great past. The magnificent portal of a patrician house on Stechbahn, dates back to 1720 and is from the workshop of the sculptor J. W. Brützel of Immighausen.

Les puissantes églises-halles de style gothique de la pittoresque vieille ville de Korbach, ses entrepôts ininflammables, ses nombreuses maisons à pans de bois abondamment décorées sont autant de témoins d'un passé fécond. Le somptueux portail de la maison patricienne de la rue Stechbahn, qui date de 1720, est l'œuvre de J. W. Brützel, sculpteur originaire d'Immighausen.

Der 1908–1914 geschaffene Edersee ist jährlich das Ziel vieler Tausend Touristen und Wassersportler. Die beste Aussicht über die Ederseelandschaft bietet sich vom hoch über den bewaldeten Ufern liegenden Schloss Waldeck, einer Gründung aus dem 12. Jahrhundert, das als Museum des Waldecker Geschichtsvereins und als Hotel genutzt wird.

Every year the Edersee, an artificial lake created between 1908 and 1914, is visited by thousands of tourists and water sports enthusiasts. The best view of the lake and surrounding area is from Schloss Waldeck, situated high above its tree-covered banks. Dating back to the twelfth century, the palace is now a local history museum and hotel.

Le lac d'Edersee, aménagé de 1908 à 1914, attire chaque année des milliers de touristes et d'amateurs de sport nautique. La plus belle vue sur le lac est celle que l'on a du château de Waldeck dominant ses rives boisées. Ce dernier, érigé au XIIe siècle, abrite le Musée du «Waldecker Geschichtsverein» (Association de l'Histoire du Waldeck) de même qu'un hôtel.

Südwestlich von Kassel, im Kernland der Chatten, liegt die Kleinstadt Gudensberg. Vom hiesigen Schlossberg überblickt man die abwechslungsreiche Basaltkuppenlandschaft des Chattengaus mit ihren Wäldern, Wiesen und Feldern. Wo heute nur noch die Ruinen des Schlosses in den Himmel aufragen, das Eckbert von Grifte 1387 ruhmvoll gegen starke Feinde verteidigte, verehrten die Chatten Wodan, den höchsten ihrer Götter.

Die Ursprünge Fritzlars gehen bis weit ins 8. Jahrhundert zurück. Der heilige Bonifatius, angelsächsischer Benediktinermönch und Apostel der Deutschen, soll der Überlieferung nach bei Geismar mit einem Beil die gewaltige Donar-Eiche, ein von den Chatten verehrtes Götzenbild, eigenhändig gefällt haben. Mit dem Holz des Baumes errichtete er 724 eine kleine Kapelle, auf deren Grundmauern im 12./13. Jahrhundert der heutige romanisch-gotische St.-Peters-Dom erbaut wurde, der eine reiche Schatzkammer mit herrlichen goldenen und silbernen Kreuzen, Leuchtern, Schmuckkästchen und goldgestickten Messgewändern beherbergt. Rund um den Marktplatz der Altstadt mit seinem Rolandbrunnen wird das malerische Stadtbild von spätmittelalterlichen Fachwerkbauten und Steinbauten aus dem 14. Jahrhundert geprägt.

Fachwerk mit farbig ausgemalten Schnitzarbeiten, unter ihnen barbusige Schönheiten und stattliche Burschen mit hochgezwirbelten Schnauzbärten, bietet das über tausendjährige Melsungen. Zahlreiche gepflegte Beispiele aus allen Epochen der zweiten Hälfte des 16. Jahrhunderts bis zur ersten Hälfte des 19. Jahrhunderts lassen sich bei einem ausgedehnten Spaziergang durch den Stadtkern entdecken. Das Rathaus gilt als bedeutendstes Renaissancefachwerkhaus Kurhessens. Mittags um 12 Uhr und abends um 18 Uhr zeigt sich hoch oben in einer Turmluke auf dem Dach ein geschnitzter Bartenwetzer, die Traditionsfigur Melsungens. In den Pfieffewiesen entstand Anfang der 1990er-Jahre unter Leitung der Architekten James Stirling, Michael Wilford und Walter Nägli ein Kleinod moderner Industriearchitektur – die Werksanlagen der B. Braun Melsungen AG.

Der St.-Petri-Dom in Fritzlar wurde auf den Grundmauern einer kleinen Kapelle erbaut, die der Apostel der Deutschen seinerzeit aus dem Holz der Donar-Eiche errichten ließ.

St Peter's Cathedral in Fritzlar was built on the foundations of a small chapel which the Apostle of the Germans had built from the Donar oak-tree timber.

L'actuelle cathédrale St Pierre à Fritzlar fut construite sur les fondations de la petite chapelle que l'apôtre des Allemands avait fait ériger, à l'époque, du bois de chêne de Donar.

Westlich des Knülls liegt die weite, sehr fruchtbare Schwalmebene. Mit Recht wird sie als Kornkammer Hessens bezeichnet. Die Landschaft der Schwalm vermittelt Vielfalt und Harmonie – sie ist heiter und beschwingt, voll Musikalität und Liebenswürdigkeit. Hier konnte sich, als Ausdruck einer gewachsenen dörflich-bäuerlichen Lebensordnung, eine der schönsten deutschen Trachten entwickeln. Bei der Kleidung der Frauen fallen besonders die vielen Röcke auf, von denen bis zu zwölf übereinander getragen werden. Sie reichen nur bis zu den Knien. Jeder folgende Rock ist etwas kürzer als der vorhergehende, sodass man die bunten Zierborten sehen kann. Eine miederartige Jacke, weiße, kunstvoll gestrickte Strümpfe und Schnallenschuhe mit glänzenden Messingbeschlägen vervollständigen die Kleidung der Frau. Auf dem Kopf der Schwälmerin sitzt ein etwa faustgroßes Betzelchen, das den „Schnatz" des straff nach oben gekämmten Haares bedeckt. Vom Betzelchen hängen breite Haubenbänder lose herab. Ältere Frauen tragen schwarze Käppchen, jüngere grüne, und unverheiratete junge Mädchen schmücken sich mit einem leuchtend roten Betzelchen. Irgendwie erinnern die kleinen Mädchen an Rotkäppchen.

Ziegenhain und Treysa bilden seit 1971 mit den umliegenden Landgemeinden das fachwerkbunte Schwalmstadt. Ins 800-Seelen-Dorf Willingshausen lockt die wohl älteste und kleinste deutsche Malerkolonie. Ihre Anfänge reichen bis ins Jahr 1814 zurück, als der Kunstmaler Gerhardt von Reutern, der in der Völkerschlacht bei Leipzig seinen rechten Arm verloren hatte, in Willingshausen zum Genesungsurlaub weilte. Das Geburtshaus Carl Bantzers (1857–1941), des wohl bekanntesten Künstlers der Malerkolonie, den die fliegenden Röcke beim fröhlichen Schwälmer Tanz zu seinem berühmtesten Bild inspirierten, steht in der ehemaligen Ziegenhainer Vorstadt Weichhaus.

Southwest of Kassel, in heart of Chatti country, lies the small town of Gudensberg. From the Schlossberg, or castle hill, you can look out across the varied scenery of the Chattengau, with its basalt hilltops, woods, meadows and fields. Nowadays all that is left of the castle which in 1387 Eckbert von Grifte valiantly defended against strong enemies is a towering ruin. The Chatti once worshipped Wotan, chief among their gods, on this spot.

Fritzlar's origins reach far back into the eighth century. Legend has it that St Boniface, the Anglo-Saxon Benedictine monk and "Apostle of the Germans," single-handedly felled with an axe the mighty Donar oak near Geismar, which the Chatti worshipped as an idol. Using wood from the tree, in 724 he built a small chapel, on the foundations of which the present Gothic-Romanesque St Peter's Cathedral was built in the twelfth and thirteenth centuries. The cathedral houses a rich treasure-room with splendid gold and silver crosses, candelabras, jewellery caskets and gold-embroidered mass robes. The picturesque townscape around the old city-centre market square with its Roland fountain is characterised by late mediaeval half-timbered houses and stone buildings dating back to the fourteenth century.

Melsungen, more than 1,000 years old, boasts half-timbering with colourfully painted carvings, including bare-bosomed beauties and strapping young men with moustaches twirled up at the ends. An extensive walk round the town centre will reveal numerous well-kept buildings of all epochs from the second half of the sixteenth to the first half of the nineteenth century. The town hall is regarded as the finest Renaissance half-timbered building in Kurhesse. At twelve noon and six p.m. the carved figure of a barber, the historic emblem of Melsungen, emerges from a hole in the roof tower. In the early 1990s a jewel of modern industrial architecture was built in the town's Pfieffewiesen area – the B. Braun Melsungen AG works, designed by architects James Stirling, Michael Wilford and Walter Nägli.

To the west of the Knüll lies the broad, extremely fertile Schwalm plain, aptly described as the granary of Hesse. The Schwalm landscape conveys variety and harmony. It is light-hearted and vibrant, full of musicality and charm. As an expression of an evolved village and farming-based order of life, it developed one of Germany's most attractive national costumes. A particular feature of the women's costumes are numerous petticoats, sometimes as many as a dozen worn one on top of the other, the longest knee-length and each a little shorter than the one beneath so that the colourful borders show. A bodice-type jacket, white, skilfully embroidered stockings and shoes with shining brass buckles complete the outfit, apart from the headgear. Perched on the head of each Schwalm woman is an approximately fist-sized bonnet which covers the tight bun into which her hair is combed up. Wide ribbons dan-

gle loosely from this headpiece. Older women wear black bonnets, younger ones green, while unmarried girls have a bright red headpiece – making them look a bit like Red Riding Hood.

Since 1971 Ziegenhain and Treysa and the outlying rural districts have been incorporated into Schwalmstadt with its colourful half-timbered buildings. The village of Willingshausen, numbering just 800 inhabitants, boasts what must be Germany's oldest and smallest artists' colony. Its beginnings go back to 1814, when the painter Gerhardt von Reutern, who had lost his right arm in the Battle of the Nations outside Leipzig, was convalescing in Willingshausen. The house in which Carl Bantzer (1857–1941), probably the best known painter in the colony, was born stands in Weichhaus, formerly a suburb of Ziegenhain. His most famous painting was inspired by the swirling skirts of the merry Schwalm dance.

Der bekannteste Melsunger, der „Bartenwetzer", bittet hier zweimal am Tag zum Empfang. Schlag zwölf und um achtzehn Uhr erscheint die geschnitzte Figur im Turm des historischen Rathauses.

Melsungen's most famous citizen, the Bartenwetzer, greets visitors twice a day. On the stroke of midday and six p. m. the carved figure appears in the tower of the historic town hall.

Le plus célèbre personnage de Melsungen, le «Bartenwetzer», l'affûteur de hache, reçoit deux fois par jour. A midi tapant et à dix-huit heures, ce personnage taillé dans le bois sort alors de la tour de l'ancien hôtel de ville.

Au sud-ouest de Kassel, au cœur même du pays des Chattes, se trouve la petite ville de Gudensberg. De la colline du château la vue embrasse les sommets arrondis des monts de basalte du Chattengau, paysage nuancé, fait de forêts, de prairies et de champs. Là où ne se dressent plus aujourd'hui que les ruines au château que Eckbert von Grifte défendit vaillamment contre ses puissants ennemis, les Chattes vénéraient Wotan, leur dieu suprême.

Les origines de Fritzlar remontent au début du VIIIe siècle. La légende veut que ce soit près de Geismar que Saint-Boniface, moine bénédictin anglo-saxon et apôtre des Allemands ait lui-même abattu, à coups de hache, le chêne de Donar, vénéré par les Chattes. Du bois ce cet arbre il construisit, en l'an 724, une petite chapelle, sur les fondations de laquelle fut érigée, au XIIe et XIIIe siècles, la cathédrale St Pierre, de style romano-gothique, qui abrite une chambre du trésor renfermant de grandes richesses, tels que de splendides croix en or et en argent, des candélabres, des coffrets à bijoux et des chasubles brodées d'or. Groupées tout autour de la Place du Marché de la vieille ville qu'agrémente la Fontaine de Roland, les maisons à colombages datant de la fin du Moyen Age ainsi que les bâtiments en pierre du XIVe siècle, lui confèrent le cachet si pittoresque qui est le sien.

Melsungen, ville plus que millénaire, s'enorgueillit de maisons à pans de bois, aux sculptures de couleurs vives parmi lesquelles on pourra admirer des beautés aux seins nus ainsi que de robustes gaillards à la moustache relevée en pointe. En prenant le temps de faire une longue promenade à travers le noyau urbain, on découvrira également de nombreux ouvrages remontant à différentes époques allant de la seconde moitié du XVIe siècle jusqu'à la première moitié du XIXe. L'hôtel de ville est considéré comme le plus important édifice à colombages construit dans le style de la Renaissance en Hesse électorale. A midi et à dix-huit heures, un affûteur de hache, sculpté sur bois, personnage traditionnel de Melsungen, apparaît sur le toit, tout en haut de l'édifice, dans une lucarne de la tour. Construites au début des années 90 par le groupe d'architectes James Stirling, Michael Wilford et Walter Nägli, sur les «Pfieffewiesen», les usines de la firme Braun Melsungen AG, constituent un joyau de l'architecture industrielle contemporaine.

A l'ouest du Knüll s'étend la vaste et très fertile Plaine de Schwalm. C'est à juste titre qu'on l'a qualifiée de grenier à blé de la Hesse. Dans sa diversité, cette région respire l'harmonie – son paysage est d'aspect serein et riant, tout en musique et en douceur. Ainsi, l'un des plus beaux costumes régionaux, expression d'une authentique vie rurale et paysanne, a-t-il pu voir le jour dans cette région. Ce qui, dans les vêtements féminins, attirent l'attention, ce sont les jupes superposées, parfois au nombre de 12. La plus longue ne va que jusqu'aux genoux. Chacune des autres jupes est un peu plus courte que la précédente, de sorte que l'on peut respectivement en voir les bordures décoratives. Une veste en forme de corselet, des chaussettes blanches brodées avec art, ainsi que des chaussures à boucles garnies de ferrures en laiton, viennent compléter le costume féminin. La femme de Schwalm porte une coiffe, le «Betzelchen», gros comme le poing et recouvrant les cheveux tirés vers le haut de la tête en une sorte de chignon, le «Schnatz». De la coiffe pendent de larges rubans. Les femmes âgées en portent une de couleur noire, tandis que le «Betzelchen» est vert chez les plus jeunes et rouge vif chez les jeunes célibataires. D'une certaine manière, ces jeunes filles font penser au Petit Chaperon Rouge.

Depuis 1971, Ziegenhain et Treysa ainsi que plusieurs communes rurales avoisinantes constituent l'agglomération de Schwalmstadt, ville toute en colombages. Willingshausen ne manquera pas d'attirer le visiteur car ce village, qui ne compte que quelque huit cents âmes, hébergea la plus ancienne et la plus connue des colonies de peintres allemands. La création de cette dernière remonte à 1814, année au cours de laquelle le peintre Gerhardt von Reutern – qui avait perdu le bras droit pendant la Bataille des Nations à Leipzig –, vint à Willingshausen pour y passer son congé de convalescence. Et c'est à Weichhaus, ancienne banlieue de Ziegenhain, que l'on trouvera la maison natale de Carl Bantzer (1857–1941), probablement le plus connu parmi les peintres de cette colonie, à qui les jupes virevoltant au rythme des joyeuses danses de Schwalm, inspirèrent son plus célèbre tableau.

Carl Bantzer war der wichtigste Maler der Willingshäuser Malerkolonie. Sein Bild „Schwälmer Tranz" zeigt die farbenfrohe Tracht der Schwälmerinnen.

Carl Bantzer was the leading painter in the Willingshausen artists' colony. His picture "Schwälmer Tanz" (Schwalm Dance) shows the colourful traditional costume worn by women in the Schwalm region.

Carl Bantzer fut le plus important des peintres ayant appartenu à la colonie de Willingshausen. Son tableau, «La danse de Schwalm» montre le costume traditionnel multicolore des femmes de Schwalm.

Über 800 gut erhaltene Fachwerkhäuser, die überwiegend erst nach einem Stadtbrand 1554 errichtet wurden, prägen den nahezu ovalen Altstadtkern des Luftkurortes Melsungen an der Fulda. Mitten auf dem Marktplatz liegt das eindrucksvolle Fachwerkrathaus von 1556. Die nahe gelegene Sandsteinbrücke erzählt mit ihren ausgewetzten Bordsteinen von den Zeiten der Holzfäller (Bartenwetzer), die hier ihre Äxte (Barten) geschliffen haben.

The almost oval-shaped historic city centre of the spa town of Melsungen on the River Fulda is distinguished by more than 800 well-preserved half-timbered buildings, most built after a fire in 1554. In the centre of the market square stands the impressive half-timbered town hall, built in 1556. The nearby sandstone bridge with its ground-down kerbstones tells of the days when woodcutters used to sharpen their axes there.

Plus de 800 maisons à colombages bien conservées, construites en majeure partie après l'incendie qui dévasta la ville en 1554, donnent son cachet au noyau urbain de forme ovale de la station climatique de Melsungen, située en bordure de la Fulda. Le pont de grès, tout proche, avec ses pierres de bordure toutes usées, rappellent les temps où les bucherons venaient y affûter leurs haches.

Etwa 65 Kilometer nordöstlich der Mainmetropole Frankfurt liegt im Städtedreieck Frankfurt – Gießen – Fulda der zweitälteste Naturpark Deutschlands, der Vogelsberg. Das größte zusammenhängende Basaltmassiv Europas ist ein Gebirge, genauer gesagt ein vulkanischer Einzelberg, dessen höchste Gipfel sich auf beinahe 800 Meter erheben. Da der Vogelsberg in den Wintermonaten zumeist eine sichere Schneedecke trägt, ist er auch für Wintersportfreunde aus der weiteren Umgebung ein reizvolles Ziel. Die fränkischen Haufendörfer mit ihren schönen Fachwerkhäusern sind typisch für diese Region. Das Laubacher Schloss und die Lauterbacher Burg sowie die Heimatmuseen in Schotten und Büdingen beherbergen interessante Schätze von kulturhistorischem Wert. Das Städtchen Alsfeld ist der bedeutendste Ort des nördlichen Vogelsberges. Um den Markplatz gruppiert, zählen das Rathaus (1512–1516), das steinerne Weinhaus (ab 1538), das quadratische Renaissance-Hochzeitshaus (1564–1571) und die Walpurgiskirche zu den Hauptsehenswürdigkeiten einer imposanten Altstadt, die in ihrer einmaligen historischen Geschlossenheit zur „Europäischen Modellstadt für beispielhaften Denkmalschutz" erkoren wurde.
Das prachtvoll ausgestattete Lustschloss Fasanerie in Eichenzell wurde einst nach dem Vorbild von Castel Gandolfo vom Fuldaer Dombaumeister Johann Dientzenhofer für die Fürstäbte Schleiffras und Dalberg konzipiert. Der Ausbau zu einer großen Barockanlage ist dem Fürstbischof Amand von Buseck zu verdanken. Wilhelm II. von Hessen ließ das Schloss vom Hofbaudirektor Bromeis in den Jahren 1825 bis 1827 im klassizistischen Stil instandsetzen. Das mit bemerkenswertem Interieur eingerichtete Haus ist heute ein Museum, geführt von der Kulturstiftung des Hauses Hessen. Von der Eichenzeller Sommerresidenz der Fürstäbte empfiehlt sich ein Besuch im nahe gelegenen Fulda, dem eigentlichen Bischofssitz, dessen Wurzeln in dem im Auftrag von Bonifatius 744 gegründeten Benediktinerkloster liegen. Unter karolingischer und sächsischer Herrschaft erlebte die Klosterschule ihre große Blüte, viele Künstler und Gelehrte, wie etwa Rabanus Maurus, arbeiteten hier. Der privilegierten Stellung entsprechend war die Klosterkirche im 9. Jahrhundert in Größe und Ausstattung die bedeutendste nördlich der Alpen. Anstelle der frühromanischen Abteikirche wurde zu Beginn des 18. Jahrhunderts, ebenfalls nach Plänen von Johann Dientzenhofer, der Domneubau errichtet – ein barockes Gesamtkunstwerk über dem Grab des heiligen Bonifatius. Seinem Wunsch entsprechend wurde der im friesischen Dokkum von Heiden erschlagene „Apostel der Deutschen" 754 in der Kirche seines Lieblingsklosters beigesetzt. Sehenswert sind auch die Kirchenschätze im Dommuseum, die wie das gesamte Fuldaer Stadtbild von der barocken Prachtentfaltung der Kirchenresidenz zeugen.
Die Rhön, das höchste hessische Gebirge, erstreckt sich zwischen der oberen Fulda und Werra und reicht im Süden bis zur Fränkischen Saale. Waldfreie Hochlagen und bewaldete Kuppen sind für die Rhön charakteristisch. Die 952 Meter hohe Wasserkuppe gilt als Geburtsstätte des Segelflugs. In unmittelbarer Nähe sprudelt ein Bächlein, das man „mit den Armen auffangen" kann, aus der Erde hervor. Hier hat die stolze Fulda ihren Ursprung, um bald schon wieder im moorigen Grund zu versickern. Östlich der Wasserkuppe liegen große Sümpfe und Moore, von denen das Rote Moor und das Schwarze Moor die bekanntesten sind. In die Landschaft eingebettete Einzelgehöfte und Weiler sind heute ein reizvolles Landschaftselement und Charakteristikum, das an alpenländische Bilder erinnert.
An den Ausläufern von Rhön, Vogelsberg und Knüll liegt im Tal der Fulda das Städtchen Bad Hersfeld, neben Fulda die bedeutendste Stadt Osthessens. Verkehrsgünstig gelegen, ist sie umgeben von reizvoller, waldreicher Landschaft. Im Ferienland Waldhessen wird die gesunde Luft des Reizklimas der Mittelgebirgslandschaft gepriesen. Die bereits 736 gegründete Stadt mittelalterlichen Gepräges besitzt ein schönes Rathaus, die malerische Wasserburg Eichhof und die größte romanische Kirchenruine Deutschlands. Die alljährlich hier stattfindenden Opern- und Theaterfestspiele setzen in ihrer Eigenart besondere Akzente in der Theaterkunst im deutschen Sprachraum. In der näheren Umgebung laden die Burg Herzberg bei Breitenbach, das Wasserschloss Friedewald, das Schloss Philippsthal, die Burg Tanneck bei Nentershausen, die Burg Ludwigseck in Ludwigsau und die Burg Neuenstein zu einem Besuch ein. Eingebettet in die Landschaft zwischen den Ausläufern des Knüll und des Stölzinger Berglandes breitet sich im Fuldatal das Städtchen Rotenburg aus, dessen Bild im Wesentlichen vom Landgrafenschloss und den alten Fachwerk- und Steinhäusern bestimmt wird.

Die Wasserkuppe gilt als die Geburtsstätte des Segelflugs in Deutschland.

The Wasserkuppe has been regarded as the birthplace of gliding in Germany.

Le mont «Wasserkuppe» est considéré comme le berceau du vol à voile en Allemagne.

About 65 kilometres northeast of Frankfurt am Main, in the triangle formed by the towns of Frankfurt, Giessen and Fulda, is the Vogelsberg, Germany's second-oldest nature park and Europe's largest contiguous basalt massif. It is a chain of mountains, or more accurately a single volcanic mountain whose main summit rises to a height of almost 800 metres. In the winter months the Vogelsberg is almost sure to be covered in snow, making it an attractive haunt for winter sports enthusiasts from the surrounding areas. Typical of this region are Franconian-style scattered villages with attractive half-timbered houses. The palace of Laubach, Lauterbach castle and the local history museums in Schotten and Büdingen house interesting treasures of art historical value. The main centre of the northern Vogelsberg is the little town of Alsfeld. Grouped around the market square, the town hall (1512/16), the stone Wine Store (from 1538), the rectangular Renaissance Wedding House (1564/71) and the Walpurgis church are among the main sights of an impressive historic town centre, whose unique historic unity led to its selection as a "European model town for exemplary conservation of historic monuments."
The magnificently furnished Fasanerie summer palace in Eichenzell was originally designed on the model of Castel Gandolfo by Johann Dientzenhofer, architect of Fulda cathedral, for Prince Abbots Schleiffras and Dalberg. It owes its extension into a large Baroque complex to Prince Bishop Amand von Buseck. In 1825–1827, by order of Wilhelm II of Hesse, it was renovated in classicist style by the court architect Bromeis. With its striking interior decor the building is now a museum, managed by the Cultural Foundation of the House of Hess. From the prince abbots' summer residence in Eichenzell it is worth making a visit to nearby Fulda, the actual episcopal seat, whose roots lie in the Benedictine monastery founded in 744 by order of St Boniface. The monastery school had its heyday under the Carolingian and Saxon rulers, when many artistis and scholars, including for example Rabanus Maurus, came to work here. In keeping with this privileged position, in the ninth century the monastery church was the most important north of the Alps in terms of size and interior and furnishings. At the start of the eighteenth century the new cathedral was built on the site of the early Romanesque abbey. It, too, was designed by Johann Dientzenhofer, as a Baroque synthesis of the arts above the grave of St Boniface. As he had wanted, the "Apostle of the Germans," who was slain by heathens in Dokkum, Friesia, was buried in 754 in the church of his favourite monastery. Also worth seeing are the church treasures in the cathedral museum. Like the whole Fulda townscape, they testify to the display of Baroque splendour in the episcopal seat.

The Rhön, Hesse's highest mountain range, stretches between the upper Fulda and Werra, reaching as far as the Saale in Franconia in the south. Its characteristic features are bare uplands and forested summits. The 952-metre Wasserkuppe is regarded as the birthplace of gliding. In the immediate vicinity a little brook "you can catch in your arms" spouts from the ground. This is the source of the proud River Fulda, which however soon disappears back into the swampy ground. To the east of the Wasserkuppe are large expanses of swamp and moor, the best known of which are the Red Moor and the Black Moor. Isolated farmhouses and hamlets nestling in the countryside are now an attractive feature of the landscape, recalling alpine scenes.
In the valley of the Fulda, amid the foothills of the Rhön, the Vogelsberg and Knüll, is Bad Hersfeld, eastern Hesse's second town after Fulda. Well situated for transport, it is surrounded by attractive, thickly-wooded countryside. This is the holiday area of Waldhessen, a part of the Mittelgebirge renowned for its healthy air and bracing climate. Bad Hersfeld, founded as early as 736, retains a largely mediaeval character and boasts a fine town hall, Eichhof castle, picturesquely surrounded by water, and Germany's largest Romanesque church ruins. The individuality of the opera and theatre festivals held each year in the ruins makes them a special highlight of theatrical art in the German-speaking region. Other places of interest in the environs include Herzberg Castle near Breitenbach, Friedewald palace, surrounded by water, Schloss Philippsthal, Tanneck Castle near Nentershausen, the castle of Ludwigseck in Ludwigsau and Neuenstein Castle. Nestling in the countryside between the foothills of the Knüll and the Stölzingen highlands is the little town of Rotenburg. Strung along the River Fulda, its most distinctive features are a count's palace and old half-timbered and stone-built houses.

Die romanische Stiftskirche in Bad Hersfeld wurde im Siebenjährigen Krieg zerstört.

The Romanesque collegiate church in Bad Hersfeld was destroyed in the Seven Years' War.

La collégiale de style roman, à Bad Hersfeld, fut détruite pendant la guerre de Sept Ans.

Le Vogelsberg, deuxième parc naturel d'Allemagne pour ce qui est de son ancienneté, s'étend à environ 65 kilomètres au nord-est de la métropole des bords du Main, dans le triangle formé par les villes de Francfort, Gießen et Fulda. Ce massif de basalte d'un seul tenant, le plus vaste du genre en Europe, est une chaîne montagneuse ou, plus exactement une seule et unique montagne d'origine volcanique dont les plus hauts sommets atteignent presque 800 mètres d'altitude. Le Vogelsberg étant le plus souvent recouvert d'une couche de neige pendant les mois d'hiver, il représente une destination touristique sûre pour les amateurs de sports d'hiver venant d'autres régions plus éloignées. Dotés de belles maisons à colombages, les villages-tas franconiens sont caractéristiques de cette région. Le château de Laubach et celui, médiéval, de Lauterbach, ainsi que les musées d'histoire locale de Schotten et Büdingen abritent de véritables trésors d'intérêt notoire sur le plan de l'histoire de la civilisation. La petite ville d'Alsfeld est la localité la plus importante de la partie nord du Vogelsberg. Groupés tout autour de la Place du Marché, l'hôtel de ville, (1512/16), la Weinhaus, Maison du Vin, construite en pierre à partir de 1538, la Hochzeitshaus (Maison des Mariés) de forme carrée datant de la Renaissance (1564/71) ainsi que la Walburgiskirche comptent parmi les principales curiosités de l'imposante vieille ville qui, du fait de son exceptionnelle homogénéité historique fut consacrée «ville-modèle européenne pour sa protection exemplaire du patrimoine historique».
Conçue jadis à l'intention des princes-abbés Schleiffras et Dalberg, à l'instar de Castel Gandolfo par le bâtisseur de cathédrales de Fulda, Johann Dientzenhofer, la «Faisanderie», château d'agrément situé à Eichenzell, fut agrandie et somptueusement aménagée dans le style du baroque par le prince-évêque Amand von Buseck. Il fut remis en état par Guillaume II de Hesse, qui confia la réalisation des travaux au Hofbaudirektor Bromeis, lequel le reconstruisit dans le style néo-classique de 1825 à 1827. Cette maison dont l'aménagement intérieur est remarquable, a été convertie en musée, géré aujourd'hui par la «Kulturstiftung des Hauses Hessen», Fondation culturelle de la Maison de Hesse. Après avoir admiré la résidence d'été des princes-abbés à Eichenzell, le visiteur pourra se rendre à Fulda, ville toute proche et siège épiscopal à proprement parler. Son origine remonte à la fondation, par Saint-Boniface, de l'abbaye bénédictine dont il a déjà été question. C'est sous la domination carolingienne et saxonne que l'Ecole du Monastère connut son apogée. Nombre d'artistes et de savants, tel par exemple Rabanus Maurus, y travaillèrent. Etant donné son statut privilégié, l'église abbatiale fut, au IXe siècle, la plus importante au nord des Alpes pour ce qui est de ses dimensions et de son équipement. Venue remplacer l'église abbatiale de style roman, la nouvelle cathédrale fut, elle aussi, édifiée selon les plans de Johann Dientzenhofer, au-dessus du tombeau de Saint-Boniface et représente une synthèse de l'art baroque. Conformément à son désir, l'«apôtre des Allemands», massacré en Frise, à Dokkum, fut inhumé, en 754, en l'église de son abbaye préférée. On remarquera les précieux objets de culte exposés au Musée de la Cathédrale qui, tout comme l'ensemble de la ville de Fulda témoignent, eux aussi, de l'opulence et de la magnificence baroques de cette résidence ecclésiastique.
La Rhön, le plus élevé des massifs montagneux de la Hesse, s'étend entre le cours supérieur de la Fulda et la Werra, se pousuivant, au sud, jusqu'à la Saale franconienne. Tant les hauteurs chauves que les sommets arrondis et boisés sont caractéristiques de la Rhön. La «Wasserkuppe», de 952 mètres d'altitude, passe pour être le berceau du vol à voile. Tout près de là, jaillit un ruisselet que l'on peut, dit-on, «attraper à pleins bras». C'est ici que la fière Fulda prend sa source pour disparaître peu après dans les profondeurs marécageuses. A l'est de la Wasserkuppe, s'étendent de vastes tourbières et marécages, dont les plus connues sont la Tourbière rouge (Rotes Moor) et la Tourbière noire (Schwarzes Moor). Les fermes isolées et les hameaux se blotissant dans la campagne font aujourd'hui tout le charme de cette région qui évoque des paysages alpins.
Adossée aux contreforts de la Rhön, du Vogelsberg et du Knüll, la petite ville de Bad Hersfeld, dans la vallée de la Fulda, est la plus importante de la Hesse orientale après Fulda. Bien desservie, elle est entourée de ravissants sites boisés. La région touristique dite «Waldhessen» (Hesse boisée), est recherchée pour son air pur et le climat vivifiant des montagnes moyennes. Bad Hersfeld, fondée dès 736 a gardé son caractère médiéval et possède un fort bel hôtel de ville, un pittoresque château entouré d'eau, de même que les ruines d'une église romane, les plus vastes existant en Allemagne. En raison de leur originalité, les festivals de théâtre et d'opéra qui s'y tiennent chaque année, comptent parmi les plus singulières manifestations de l'art dramatique en langue allemande. Près de Breitenbach, dans les proches environs, le château fort de Herzberg, celui de Friedewald, entouré d'eu, de Tanneck près de Nentershausen, de Ludwigseck à Ludwigsau et de Neuenstein attendent votre visite. Dans son écrin de verdure, la petite ville de Rotenburg s'étend dans la vallée de la Fulda, entre les contreforts du Knüll et les monts du Stölzing, ville dont l'aspect est essentiellement déterminé par le Château des Landgraves ainsi que par les vieilles maisons à pans de bois ou en pierre.

Alsfeld muss auch nach dem Dreißigjährigen Krieg noch eine wohlhabende Stadt gewesen sein, wie die alten Wohnhäuser aus dieser Zeit zeigen. Das Rathaus (1512–1516) steht auf dem geräumigen Marktplatz. Auf einem steinernen Unterbau, der vom Stil der Spätgotik geprägt ist, wurde ein kraftvoller Fachwerkbau errichtet. Das Erdgeschoss war einst Markthalle.

Even after the Thirty Years War, Alsfeld must have been a prosperous town, as the old houses from that era demonstrate. On the spacious market square stands the town hall (1512–1516), which features a stone substructure in Late Gothic style on which a powerful half-timbered building has been erected. The ground floor was once a market hall.

Alsfeld est sans nul doute demeurée une ville aisée après la guerre de Trente Ans, ainsi qu'en témoignent les anciennes maisons d'habitation datant de cette époque. L'hôtel de ville (1512–1516) borde la spacieuse Place du Marché. C'est sur un soubassement de pierre issu du gothique tardif que fut construit un robuste édifice à colombages. Le rez-de-chaussée servait autrefois de halle pour le marché.

APOTHEKE
Apotheke am Rathaus

Eine seiner bedeutendsten Epochen erlebte Fulda im 18. Jahrhundert, als die Stadt Residenz der Fürstäbte und -bischöfe war und eine Universität mit allen Fakultäten beherbergte. Die umfangreiche barocke Bautätigkeit begann mit der Erbauung des Doms, der von dem Architekten Johann Dientzenhofer in den Jahren 1704–1712 errichtet wurde. Im Hintergrund ist mit der romanischen Michaelskapelle eine der ältesten Kirchen Hessens zu sehen.

Fulda experienced one of its heydays in the eighteenth century when the town was the seat of the prince abbots and bishops and boasted a university with a full range of faculties. Extensive Baroque building works began with the construction of the cathedral, built by the architect Johann Dientzenhofer between 1704 and 1712. The Romanesque St. Michael's chapel, one of the oldest churches in Hesse, can be seen in the background.

C'est au XVIIIe siècle que Fulda connut l'une de ses périodes les plus florissantes. La ville était alors résidence des princes-abbés et abritait une université comprenant toutes les facultés. L'intense activité de construction baroque se manifesta tout d'abord dans l'édification de la cathédrale. Celle-ci fut construite de 1704 à 1712 par l'architecte Johann Dientzenhofer. A l'arrière-plan se profile la Michaelskapelle, de style roman, l'une des plus anciennes églises de la Hesse.

Eingebettet in die Landschaft zwischen den Ausläufern des Knülls und des Stölzinger Berglandes, breitet sich an der engsten Stelle des Fuldatals die romantische Fachwerkstadt Rotenburg aus. Der mittelalterliche Stadtkern mit dem stattlichen Rathaus und alten Fachwerkhäusern aus dem 15. bis 18. Jahrhundert macht den Ort zu einem Kleinod des Hessenlandes.

Spreading along the narrowest part of the Fulda valley, the town of Rotenburg with its romantic half-timbered buildings nestles in the landscape between the foothills of the Knüll and the Stölzinger Bergland. The mediaeval town centre with its impressive town hall and old half-timbered buildings dating from the fifteenth to eighteenth centuries makes Rotenburg one of the gems of Hesse.

Dans son écrin de verdure, entre les contreforts du Knüll et du Stölzinger Bergland, s'étale la romantique ville à colombages de Rotenburg, à l'endroit le plus étroit de la vallée de la Fulda. Le noyau urbain d'aspect moyenâgeux, son imposant hôtel de ville ainsi que les vieilles maisons à pans de bois datant du XVe au XVIIIe siècles font de cette localité un des joyaux du pays de Hesse.

Flüsse haben eine magische Anziehungskraft, bilden politische Grenzen, Handelswege und Anziehungspunkte erster Niederlassungen. Auch das immer strömende Wasser der beim Lahnhof im südlichen Rothaargebirge entspringenden Lahn zeugt vom ewigen Streit beider Ufer in der Landschaft. Auf ihrem 245 Kilometer langen Weg bis zur Mündung in den Rhein bei Lahnstein erzählen steinerne Zeitzeugen vom 12. Jahrhundert bis in unsere Zeit unvergessliche Geschichten. Umgeben von ausgedehnten waldreichen Bergen, liegt im oberen Lahntal das 700-jährige Biedenkopf mit seinen alten Fachwerkhöfen und romanischen Dorfkirchen. Sehenswert sind die schmucken Fachwerkfassaden mit ornamentalen Kratzputzfeldern, eine typische Handwerkskunst der Gemeinden im Marburger Land.

Wo sich das waldreiche, enge Lahntal nach Süden weitet, wachte schon früh eine Burg über Handelswege, Siedlung und Furt – Bollwerk der Landgrafen von Thüringen zu Beginn des 12. Jahrhunderts gegen benachbarte Herren. Im Schutz der Burg siedelten Händler und Handwerker. Von der Wartburg kam Landgräfin Elisabeth, die hier in Marburg ihr Hospital gründete. Elisabeth war die Tochter des ungarischen Königs Andreas II. Schon im zarten Alter von 20 Jahren dreifache Mutter und Witwe, widmete sie sich den Schwachen und Kranken. Ihr Vorbild wirkt bis in die Gegenwart. Das mächtige Landgrafenschloss, Ort des berühmten Religionsgesprächs zwischen Luther und Zwingli, überragt die schönen Fachwerkbauten der alten Universitätsstadt. Im Tal erhebt sich der Gründungsbau der deutschen Gotik, die Elisabethkirche. „Eine kleine gotische Stadt an einem dunklen, schwerfälligen Fluss, dessen Hänge von dunklen Tannen und Kiefern und hellen Buchen bestanden sind“, schwärmte der spanische Philosoph und Soziologe Ortega y Gasset, der 1906 in Marburg studierte. Die Liste der Berühmtheiten, die hier weilten und meist an der ältesten protestantischen Universität Deutschlands (gegründet 1527) studierten oder lehrten, ist lang. Ihre Spuren laden zum Entdecken ein, zu einem Streifzug durch die Romantik, die in Marburg mit den Namen Friedrich Karl von Savigny, Clemens Brentano und Achim von Arnim verbunden ist.

Der monumentale Dom von Wetzlar überragt die Bauten der historischen Altstadt.

The monumental cathedral of Wetzlar towers over the buildings in the historic town centre.

La monumentale cathédrale de Wetzlar domine les bâtiments de la vieille ville au cachet historique.

Mitten aus der flachen, sumpfigen Ohmebene steigt ein einzelner Berg empor, auf dem das Städtchen Amöneburg liegt. Ihrer Lage auf dem 365 Meter hohen Basaltkegel verdankt die „Ohmburg“ ihren Namen. Zahlreiche Funde deuten darauf hin, dass der Berg bereits in vorchristlicher, keltischer und fränkischer Zeit besiedelt war. 721 bekehrte Bonifatius hier zwei chattische Edle und gründete ein Kloster, Ausgangspunkt für die spätere Missionierung des gesamten nordhessischen Raumes und Thüringens. Im 12. Jahrhundert in den Besitz der Mainzer Bischöfe gelangt, wurde die Burg erweitert, befestigt und zum kurfürstlichen Schloss ausgebaut. Die in den Jahren 1978–1980 ausgegrabenen und rekonstruierten Ruinen stammen aus dem 17. Jahrhundert.

Links und rechts der Flusslandschaft geradezu mit Burgen oder deren Ruinen gespickt, reiht die Lahn hinter Marburg viele liebenswerte Städte wie an einer Perlenkette auf. Das 1197 erstmals urkundlich erwähnte Gießen, bedeutendstes wirtschaftliches und kulturelles Zentrum in Mittelhessen, wurde im Zweiten Weltkrieg zu mehr als drei Viertel zerstört, darunter auch die historische Substanz der Altstadt. Nur wenige bedeutende Einzelbauten, wie das Neue Schloss und das Zeughaus aus dem 16. Jahrhundert, haben den Bombenangriff 1944 überstanden oder wurden wiederaufgebaut. Der Chemiker Justus von Liebig (1803–1873), Namenspatron der ortsansässigen Universität, hatte in Gießen von 1824 bis 1852 seine Wirkungsstätte. In den Räumen des ehemaligen chemischen Instituts befindet sich seit 1920 das Liebig-Museum.

„In Wetzlar hat sich die Luft der Goethezeit noch erhalten. Hier ist eine richtige Wunderkraft am Werk gewesen, es ist, als sei das Jahrhundert damals stehen geblieben vor Begeisterung, als Deutschlands stürmischer junger Genius seinen Wetzlarer Frühling und Sommer erlebte (...)“, schwärmt Kasimir Edschmid von dem Ort, an dem Goethe sich in die bildhübsche Charlotte Buff verliebte. In der Küche des heute so genannten Lottehauses schnippelte er Bohnen für seine Angebetete, im „Staatszimmer“ ließ er sich von ihr die neuesten Lieder und Tänze am Klavier vorspielen, zwischendurch putzte er den kleinen Geschwistern die Nase oder las griechische Lyrik. Doch Goethe hätte den jungen Werther nie leiden lassen müssen, wenn nicht das Reichskammergericht, das höchste Zivilgericht des Heiligen Römischen Reiches Deutscher Nation, 1693 aus dem zerstörten Speyer nach Wetzlar verlegt worden

Rivers have magical powers of attraction. They form political borders, trade routes and points of attraction for early settlements. The flowing waters of the Lahn, which rises at Lahnhof in the southern Rothaar mountains, testify to eternal disputes between its two banks. Along its 245-kilometre route to Lahnstein, where it flows into the Rhine, stone witnesses dating from the twelfth century to modern times have unforgettable tales to tell. In the upper Lahn valley, surrounded by a large expanse of forested slopes, is the 700-year-old town of Biedenkopf with its old half-timbered farms and Romanesque village churches. Of particular interest are the neat half-timbered facades with their ornamental plastering in the sgraffito technique typical of the Marburg region.

Since early times there has been a castle on the spot where the narrow, densely wooded Lahn valley broadens out to the south. Built to watch over trade routes, settlement and a ford across the river, at the beginning of the twelfth century it served to protect the counts of Thuringia against neighbouring rulers. Tradesmen and craftsmen came to seek protection in the shelter of its walls. Countess Elisabeth came from the Wartburg and founded her hospital here. She was the daughter of the Hungarian king Andras II. At the tender age of 20, already the widowed mother of three children, she dedicated herself to the weak and the ill. Her example is influential even now. The mighty counts' castle, scene of the famous religious debate between Luther and Zwingli, towers over the fine half-timbered buildings of the old university town. Down in the valley stands the Elisabethkirche, the first building in German Gothic style. “A small Gothic town by a dark, sluggish river whose sides are covered with dark firs and pines and light beeches,” enthused the Spanish philosopher and sociologist Ortega y Gasset, who studied in Marburg in 1906. The list of celebrities who stayed here, most of them to study or teach at Germany's oldest Protestant university (founded in 1527), is long. Their traces are an invitation to explore, to embark on an expedition through Romanticism, which in Marburg is linked with the names of Friedrich Karl von Savigny, Clemens Brentano and Achim von Arnim.

A single hill stands out from the midst of the flat, marshy Ohm plain. On it is the little town of Amöneburg. It owes its name to the 365-metre basalt summit on which it stands, the “Ohmburg.” Numerous finds indicate that the hill was settled as early as the pre-Christian, Celtic and Frankish eras. In 721 St Boniface converted two Chatti noblemen here and founded a monastery, later to be the base for the conversion to Christianity of the whole of northern Hesse and Thuringia. In the twelfth century the castle came into the possession of the prince bishops of

Mainz, who extended and fortified it and turned it into an electoral palace. The ruins, which were excavated and reconstructed between 1978 and 1980, date back to the seventeenth century.

To the left and right of a riverine landscape dotted with castles and castle ruins, a host of attractive towns are strung like pearls along the Lahn beyond Marburg. The first recorded mention of Giessen, central Hesse's main business and cultural centre, goes back to 1197. More than three quarters of the city was destroyed in World War II, including the historic city centre. Only a few major individual buildings, including the New Palace and the sixteenth-century Armoury, survived the 1944 bombing. The chemist Justus von Liebig (1803–1873), after whom the town's university is named, worked in Giessen from 1824 to 1852. Since 1920 the former chemical institute has housed the Liebig Museum.

"In Wetzlar the air of the Goethe era has been preserved. A really miraculous power has been at work here, as if the century stood still with delight when Germany's stormy young genius experienced his Wetzlar spring and summer (...)," wrote Kasimir Edschmid of the place where Goethe fell in love with the lovely Charlotte Buff. In the kitchen of what is now called the "Lottehaus" he cut beans for his adored, in the "state room" he listened to her playing the latest songs and dances on the piano, occasionally wiping her little siblings' noses or brushing up their Greek lyrics. But Goethe's young Werther need never have suffered had not the Imperial Supreme Court, the highest civil court in the Holy Roman Empire of the German Nation, not been transferred in 1693 from Speyer, which lay in ruins, to Wetzlar. Goethe would never have come to practise law here, and were it not for the judges, attorneys and lawyers, many of the town's fine half-timbered houses would never have been built. Almost 900 people connected in some way with the court topped up the number of inhabitants, which had been severely reduced by crises, wars and disease. The old imperial town on the Lahn boasts a well-kept, half-timbered historic city centre mainly built at that time, clustered around the former collegiate and parish church of St Mary, nicknamed "Wetzlar cathedral." The end of the Old Empire in 1806 and the dissolution of the Imperial Supreme Court brought an end to Wetzlar's glorious epoch more or less overnight. In 1862/63, with the opening of two railway lines that met here, Wetzlar became a centre of industry, especially of iron production and processing. Industrial products from Wetzlar gained a world reputation, foremost among them the Leica, the world's first 35 mm camera, which was developed by Oskar Barnack in 1925.

Fleuves et rivières possèdent une force d'attraction magique, constituent des frontières politiques, ou des voies commerciales. Dès les premiers temps, les hommes sont venus s'établir sur leurs berges. L'eau éternellement en mouvement de la Lahn, qui prend sa source près de Lahnhof, dans le sud du Rothaargebirge, témoigne de la rivalité ancestrale des régions qui la bordent. Tout au long des 245 km de son parcours qui la mène jusqu'au Rhin où elle se jette près de Lahnstein, des témoins pétrifiés issus du XIIe siècle jusqu'aux temps modernes, nous narrent de mémorables histoires. Entouré de vastes montagnes recouvertes de forêts, Biedenkopf, vieille de 700 ans, s'étale dans la vallée supérieure de la Lahn avec ses vieille fermes à colombages et ses églises de village de style roman. On remarquera ses pimpantes façades à pans de bois, ornementées de sgraffites, procédé artisanal typique des communes du Pays de Marburg.

Là où l'étroite vallée boisée de la Lahn va en s'évasant en direction du sud, un château fort montait déjà la garde au début du XIIe siècle, protégeant voies commerciales et gués et assurant la défense des landgraves de Thuringe contre les assauts des seigneurs du voisinage. Marchands et artisans s'y établirent. Venant de la Wartburg, la landgravine Elisabeth y fonda son hospice. Elisabeth était la fille du roi de Hongrie, Andreas II. Déjà mère de trois enfants et veuve à l'âge tendre de vingt ans, elle voua sa vie aux faibles et aux malades. Son travail exemplaire est demeuré présent à travers les siècles. Le Château des Landgraves, d'imposantes dimensions, où eurent lieu les célèbres débats religieux entre Luther et Zwingli, domine les superbes bâtiments à colombages de l'ancienne ville universitaire. Dans la vallée se dresse l'édifice qui donna naissance à l'art gothique allemand, l'Eglise Ste Elisabeth. «Une petite ville gothique en bordure d'un fleuve noir et paresseux, dont les collines sont recouvertes de sombres sapins et de pins, ainsi que de hêtres au bois clair», écrivait dans son enthousiasme le philosophe et sociologue espagnol Ortega y Gasset qui fut étudiant à Marburg en 1906. La liste des personnalités célèbres qui firent leurs études ou séjournèrent dans la plus ancienne université protestante d'Allemagne (1527), est fort longue. Marcher sur leurs traces, c'est aussi partir à la découverte de ce que fut le romantisme allemand, qui, à Marburg, s'associe à des noms célèbres, tels Friedrich Karl von Savigny, Clemens Brentano et Achim von Arnim.

Au milieu de la plaine uniforme et marécageuse d'Ohm monte une colline isolée, couronnée d'une petite ville, Amöneburg. Le «Ohmburg» doit son nom au fait qu'il est perché sur ce cône basaltique de 365 mètres de hauteur. De nombreux objets, découverts à l'occasion de fouilles laissent présumer que cette colline fut colonisée par les Celtes et les Francs, bien avant l'ère chrétienne. C'est en 721 que St Boniface y convertit au christianisme deux nobles du peuple des Chattes et qu'il y fonda un monastère devenu plus tard le point de départ de l'évangélisation de tout le nord de la Hesse ainsi que de la Thuringe. Passé aux mains des évêques de Mayence, le château fort fut agrandi, fortifié et devint finalement résidence des princes électeurs. Les ruines exhumées entre 1978 et 1980, puis reconstruites, remontent au XVIIe siècle. Sur ses deux rives bardées de châteaux forts et de ruines, la Lahn égrène son chapelet de petites villes pimpantes après avoir arrosé Marburg. Gießen, mentionné pour la première fois en 1197, le plus important centre économique et culturel de la Hesse moyenne, fut détruit aux 3/4 par les bombardements, en même temps que l'ensemble du patrimoine historique de la ville. Seuls quelques rares bâtiments d'importance, tels le Neues Schloss (le Nouveau Château) et la Zeughaus (l'Arsenal datant du XVIe siècle), résistèrent aux attaques aériennes de 1944. Le chimiste Justus von Liebig (1803–1873), à qui l'université doit son nom, exerça sa profession à Gießen de 1824 à 1852. Ainsi l'ancien Institut de Chimie abrite-t-il le Musée Liebig depuis 1920.

«A Wetzlar, l'atmosphère de l'époque de Goethe est demeurée présente. Une véritable force magique y fut à l'œuvre, à croire que le siècle, pris d'enthousiasme, arrêta sa course lorsque le jeune génie impétueux de l'Allemagne passa le printemps et l'été à Wetzlar (...)». C'est en ces termes admiratifs que Kasimir Edschmid parlait de la ville où Goethe s'éprit de la ravissante Charlotte Buff. Dans la cuisine de la maison dite aujourd'hui «Lottehaus», il coupait en morceaux des haricots pour sa bien-aimée et, dans la «Staatszimmer», il la priait de lui jouer au piano les Lieder et les danses les plus récents, mouchant de temps en temps ses petites sœurs, ou lui lisant des poèmes grecs. Toutefois, Goethe n'aurait jamais pu faire souffrir le jeune Werther si la Cour suprême du Saint Empire romain-germanique n'avait été transférée de Spire, ville détruite, à Wetzlar. Goethe ne serait jamais venu y faire son stage de droit et sans les juges, les procurateurs et les avocats, nombre de splendides maisons à colombages n'auraient jamais été construites. Presque 900 personnes rattachées d'une façon ou d'une autre au tribunal, contribuèrent à l'augmentation du nombre des habitants de cette ville, que les crises, les guerres et les maladies avaient décimés. C'est au cours de cette période que s'était constituée, en majeure partie, la vieille ville toute en colombages et bien entretenue de cette ancienne ville d'empire en bordure de la Lahn. Elle se groupe tout autour de St. Marien, ancienne collégiale et église paroissiale, dite «Cathédrale de Wetzlar». En 1806, la fin de l'ancien empire, qui avait entraîné la dissolution de la cour suprême, sonna, du jour au lendemain, le glas de la glorieuse époque de Wetzlar. En 1862/63, la mise en place de deux lignes de chemin de fer qui se rejoignaient à Wetzlar contribua à faire de la ville un lieu

wäre. Goethe wäre nie zu seinem Rechtspraktikum hierhergekommen, und ohne die Richter, Prokuratoren und Advokaten wären viele der prachtvollen Fachwerkhäuser nie gebaut worden. Fast 900 Personen, mit dem Gericht in irgendeiner Weise verbunden, stockten die arg von Krisen, Kriegen und Krankheiten dezimierte Einwohnerzahl wieder auf. In der alten Reichsstadt an der Lahn präsentiert sich die wohlgepflegte, überwiegend in jenen Jahren entstandene Fachwerk-Altstadt rund um die ehemalige Stifts- und Pfarrkirche St. Marien, den „Wetzlarer Dom". Mit dem Ende des Alten Reichs 1806 und der Auflösung des Reichskammergerichts endete die ruhmvolle Epoche Wetzlars sozusagen über Nacht. Zu einem Industriestandort, insbesondere der Eisenerzeugung und -verarbeitung, entwickelte sich Wetzlar 1862/63 mit der Eröffnung zweier Eisenbahnlinien, die sich hier trafen. Wetzlarer Industrieprodukte brachten es zu Weltruf, allen voran die 1925 von Oskar Barnack entwickelte Leica, die erste Kleinbildkamera der Welt.
Mit einem zusammenhängenden Ensemble aus über 400 Fachwerkhäusern verschiedenster Stilrichtungen zählt Herborns romantische Altstadt zu den am besten erhaltenen Stadtanlagen des Mittelalters. Die ehemalige Akademie Nassau-Dillenburgs, die „Hohe Schule", genoss von 1584 bis 1817 europäischen Ruf. Der historische Kollegbau beheimatet heute das Stadtmuseum mit Herborner Drucken, altertümlichen Waffen sowie Bronze- und Keramikfunden aus der Zeit der Kelten.
Wo der Westerwald und das Rothaargebirge aufeinandertreffen und sich raue Hochflächen mit waldreichen Höhen und tief eingeschnittenen Tälern abwechseln, bildet Dillenburg das Tor zur Lahn-Dill-Region. Wie sich die Obrigkeit im 18. Jahrhundert den Baustil von Wohn- und Geschäftshäusern vorstellte, ist in dem Städtchen, in dem Wilhelm von Oranien 1533 geboren wurde, gut zu erkennen. Die Schlossruine mit den größten unterirdischen Verteidigungsanlagen (Kasematten) des Mittelalters und der weithin sichtbare Wilhelmsturm sind weitere Zeugen der wechselvollen Geschichte der Häuser Nassau und Oranien. In der evangelischen Stadtkirche (1491) finden sich die sterblichen Überreste der Nassau-Dillenburger Grafen und Fürsten.
Durch eine der romantischsten Flusslandschaften Deutschlands gelangen wir über Braunfels mit dem Schloss der Grafen von Solms nach Weilburg. Über einer großen Lahnschleife weist die barocke nassauische Residenzstadt neben dem Schloss aus dem 16. Jahrhundert eine eindrucksvolle Stadtanlage auf einem schmalen Höhenrücken auf. 1847 wurde der fast kreisförmige Lahnbogen verkürzt, indem die Stadt untertunnelt wurde. Seither kann die Eisenerzschifffahrt den ersten europäischen unterirdischen Schifffahrtskanal passieren. In den Sommermonaten bilden der festlich angestrahlte Renaissance-Schlosshof, der Schlossgarten und die Schlosskirche die festliche Kulisse für die Weilburger Schlosskonzerte. Hinter Weilburg wird das Tal enger und einsamer, durchfließt die Lahn fast ausschließlich Waldgebiete. Nach einigen Flusskilometern bestimmt eine eindrucksvolle Burg, höchstwahrscheinlich eine Gründung des Stauferkaisers Friedrich Barbarossa, das Stadtbild von Runkel.
Am unteren Lauf der Lahn hat sich die christliche Welt ein mächtiges Bollwerk erbaut: Limburgs Stolz ist sein vieltürmiger Dom, der neben der Elisabethkirche in Marburg das wichtigste Bauwerk am Lahnufer ist. Der Limburger Dom steht auf einem Felsen, der schroff zur Lahn hinunterstürzt; seine Türme spiegeln sich unten im Fluss. Es ist faszinierend zu sehen, wie die Lahn diese Spiegelung aufnimmt, plötzlich träumerische Farben hinzufügt, um das Bild des Doms auf ihrer Oberfläche zu schmücken, und schließlich einen feierlichen Bogen um den Felsen herum macht. In Limburg-Dietkirchen kann mit der Kirche St. Lubentius die älteste Stätte des Christentums in Hessen aufgesucht werden, deren spektakuläre Lage ein Architektur- und Landschaftsbild von großer Wirkung bietet. Im nahe gelegenen Hadamar wird erfreulich offensiv mit der dunklen Seite der Vergangenheit umgegangen. Eine Gedenkstätte im Psychiatrischen Krankenhaus und die Dauerausstellung „Verlegt nach Hadamar" erinnern an die Zeit des Nationalsozialismus, als hier in den Jahren 1941 bis 1945 mehr als 15 000 Menschen durch sogenannte Euthanasie den Tod fanden.
Der Weg ins Rhein-Main-Gebiet führt am Emsbach entlang in das Taunusstädtchen Bad Camberg, das älteste Kneippbad Hessens. Wassertreten, baden, sich abgießen und packen lassen – hier kann nach allerneuesten medizinischen Erkenntnissen gekurt werden. Die Quelle des in 526 Meter Höhe gelegenen „Oberselters Heilwassers" wird schon 1731 urkundlich erwähnt. Das Original-Selterswasser stammt allerdings einzig und allein aus Niederselters, im Goldenen Grund am Emsbach gelegen.

Weilburg ist wohl eine der am vollständigsten erhaltenen Kleinresidenzen.

Weilburg must be one of the most perfectly preserved of the smaller residences of the nobility.

Weilburg est certainement l'une des résidences les plus intégralement conservées.

Herborn's romantic Altstadt boasts a contiguous ensemble of more than 400 half-timbered buildings in a variety of styles, making it one of Germany's best-preserved mediaeval town centres. From 1584 to 1817 the former Nassau-Dillenburg Academy, known as the "High School," was known throughout Europe. The historic academy building now houses the municipal museum with its prints of Herborn, collection of antique weapons and bronze and pottery finds from the Celtic era.
Where the Westerwald and the Rothaar mountains meet and bleak uplands alternate with densely-wooded hills and deep valleys stands Dillenburg, the gateway to the Lahn-Dill region. The little town in which William of Orange was born in 1533 provides a good example of the architectural style of dwellings and businesses preferred by the eighteenth-century authorities. The castle ruins with the largest mediaeval subterranean casemates and the landmark Wilhelmsturm (William's Tower) are further evidence of the varied history of the houses of Nassau and Orange. The Protestant town church (1491) houses the mortal remains of the counts and princes of Nassau-Dillenburg.
Travelling through some of Germany's most romantic riverine scenery, we pass Braunfels with its palace of the counts of Solms and reach the Baroque town of Weilburg, seat of the counts of Nassau, which is built on a narrow ridge above a hairpin bend in the Lahn. In addition to the sixteenth-century palace it boasts an impressive townscape. In 1847 the bend in the Lahn, which had almost formed a circle, was shortened by tunnelling beneath the town. Since then, barges carrying iron ore have passed through Europe's first subterranean shipping canal. In the summer months the festively lit Renaissance palace courtyard, the palace gardens and church form a festive backdrop for the Weilburg palace concerts. Beyong Weilburg the valley becomes narrower and more secluded, flowing almost exclusively through woodland. Passing several smallish towns, it arrives at an impressive castle, most probably founded by the Staufen emperor Frederick Barbarossa, which dominates the townscape of Runkel.

On the lower reaches of the Lahn the Christian world has built itself a mighty bulwark. Limburg's pride is its many-towered cathedral, alongside Marburg's Elisabethkirche the most important building on the banks of the Lahn. Limburg Cathedral is built on a rock which plunges steeply down to the river. Its towers are reflected in the water below. It is fascinating to watch how the Lahn accepts this reflection, suddenly adds fantasy colours to adorn the image of the cathedral on its surface and finally sweeps ceremoniously round the rock. In Limburg-Dietkirchen you can find St Lubentius, the oldest Christian place of worship in Hesse. Its spectacular location makes for an architectural and scenic image of great effect. The nearby town of Hadamar has adopted a gratifyingly open way of tackling the dark side of the past. A memorial in the psychiatric hospital and a permanent exhibition called "Transferred to Hadamar" recall the Nazi era, when more than 15,000 people met their deaths by euthanasia here between 1941 and 1945.
The route to the Rhine-Main region leads along the Emsbach to the small town of Bad Camberg in the Taunus, Hesse's oldest Kneipp spa. Here you can tread water, bathe, be given mudpacks, have water poured over you and be cured in accordance with the latest medical knowledge. The first recorded mention of Bad Camberg's "Oberselters healing water" dates back to 1731. However, the original Selters mineral water comes only from Niederselters in the Goldener Grund (Golden Bottom) on the Emsbach.

Die mächtige Trutzburg Runkel wurde Mitte des 12. Jahrhunderts mit Erlaubnis des Kaisers Friedrich Barbarossa erbaut und diente der Sicherung des Lahnübergangs.

The mighty fortress of Runkel, built in the mid-twelfth century by permission of emperor Frederick Barbarossa, served to defend the Lahn crossing.

Le château de Runkel, puissant bastion construit au milieu du XIIe siècle avec la permission de l'empereur Frédéric Barberousse servait à protéger le passage enjambant la Lahn.

d'implantation industrielle, notamment dans le domaine de l'extraction et de la transformation du fer. Les produits industriels fabriqués à Wetzlar acquirent une réputation internationale, produits parmi lesquels il convient de mentionner, avant tout, la Leica, mise au point par Oskar Barnack en 1925, et premier appareil photo petit format à avoir été fabriqué au monde.
La vieille ville romantique de Herborn et son ensemble harmonieux de plus de 400 maisons à colombages issus de différents styles, compte parmi les cités médiévales les mieux conservées. De 1584 à 1817, la «Hohe Schule» de l'ancienne Académie de Nassau-Dillenburg a joui d'une réputation qui s'étendait alors à toute l'Europe. Le Kollegbau, bâtiment d'époque, abrite de nos jours le Musée municipal qui présente des gravures de Herborn, des armes anciennes ainsi que des objets de bronze et de céramique remontant à l'époque des Celtes.
Là où le Westerwald et le Rothaargebirge se rejoignent et où de hauts plateaux arides alternent avec des collines boisées et des vallées encaissées, Dillenburg constitue une porte s'ouvrant sur la région Lahn-Dill. Dans la petite ville où, en 1533, naquit Guillaume d'Orange, le style d'architecture des maisons et magasins, préconisé au XVIIIe siècle par les autorités, est aisément reconnaissable. Les ruines du château, équipé au Moyen Age de vastes abris enterrés (les casemattes), sont autant de témoins de l'histoire mouvementée des maisons de Nassau et d'Orange. Les dépouilles mortelles des comtes et princes de Nassau reposent dans l'Evangelische Stadtkirche, construite en 1491.
Après avoir traversé l'une des vallées fluviales les plus romantiques d'Allemagne et être passé par Braunfels, où se dresse le château des comtes de Solms, on atteindra Weilburg. Enserrée dans la vaste boucle que dessine la Lahn, la résidence baroque des Nassau s'enorgueillit, en dehors de son château remontant au XVIe siècle, d'une imposante cité perchée sur une étroite croupe rocheuse. La boucle presque circulaire décrite par la Lahn fut raccourcie en 1847 par la création d'un tunnel creusé sous la ville. Depuis lors, les bateaux transportant le minerai de fer peuvent naviguer sur le premier canal souterrain à avoir été construit en Europe. En été, la cour du château Renaissance toute illuminée, ses jardins ainsi que son église, constituent les fastueux décors des concerts du château de Weilburg. Passé cette ville, la vallée se fait plus étroite et plus solitaire, n'étant plus bordée que par des versants boisés. Après avoir traversé plusieurs autres petites localités, on arrivera à Runkel, qu'on reconnaîtra aisément à son imposant château fort, dont la fondation remonte probablement à Frédéric Barberousse, empereur de la lignée des Hohenstaufen.
La chrétienté s'érigea un puissant bastion sur le cours inférieur de la Lahn: la cathédrale surmontée de nombreuses tours qui, à côté de l'Eglise Ste Elisabeth, à Marburg, constitue l'édifice le plus important construit en bordure de cette rivière et fait toute la fierté de Limburg. Elle trône sur un piton rocheux au versant abrupt surplombant la vallée de la Lahn et ses tours se mirent, en bas, dans l'eau de la rivière. Il est fascinant d'observer le jeu de ses reflets sur la Lahn venant soudain parer de splendides couleurs l'image de la cathédrale à sa surface, et qui, pour en finir, fait solennellement le tour du rocher. A Limburg-Dietkirchen, on verra avec intérêt l'Eglise St Lubentius, le plus ancien édifice religieux de la chrétienté en Hesse. Son site spectaculaire est un régal pour les yeux tant au niveau du paysage que de l'architecture. Hadamar, petite ville voisine, s'est penchée avec courage sur les heures sombres de son passé. A l'Hôpital psychiatrique, un mémorial et une exposition permanente intitulée «Transféré à Hadamar» rappelle la période du national-socialisme au cours de laquelle, entre 1941 et 1945, plus de 15 000 personnes trouvèrent la mort par euthanasie.
Pour se rendre dans la région du Rhin et du Main, on longera l'Emsbach et rejoindra Bad Camberg, petite ville du Taunus. C'est là la plus ancienne station de cure où se pratique l'hydrothérapie selon Kneipp. Bains de pied, natation, affusions et enveloppements, la cure que l'on peut y faire repose sur les derniers progrès réalisés en balnéothérapie. L'eau minérale de l'endroit, l'«Oberselters Heilwasser», fut mentionnée pour la première fois en 1731. La «Selterswasser» vient, quant à elle, uniquement de Niederselters, du «Goldener Grund», situé sur l'Emsbach.

Im Inneren des Limburger Doms befinden sich bedeutende Werke mittelalterlicher Steinmetzkunst sowie das Hochgrab des Stiftsgründers Konrad Kurzbold.

As well as some important mediaeval stone-carvings, Limburg Cathedral houses the mausoleum of Konrad Kurzbold, founder of the cathedral chapter.

A l'intérieur de la cathédrale de Limburg on trouvera d'importantes témoins de l'art des tailleurs de pierre du Moyen Age ainsi que le tombeau dressé du fondateur du chapitre, Konrad Kurzbold.

„Zu Marburg muss man seine Beine rühren und treppauf, treppab steigen", äußerte sich Jacob Grimm über seine täglichen Spaziergänge vom Wohnhaus in der Barfüßerstraße durch die Altstadt. Gassen und Treppchen prägen sich jedem Besucher unvergesslich ein, der die Universitätsstadt zu Fuß erkundet und abseits der belebten Straßen einen Weg an der Lutherischen Pfarrkirche vorbei hinauf zum Schloss sucht.

„In Marburg you have to move your legs and climb up and down steps," Jacob Grimm commented on his daily walks through the old town from the house where he stayed in Barfüsserstrasse. Narrow streets and small flights of steps are indelibly printed on the memory of every visitor who explores the university town on foot and, avoiding the busy streets, finds a path past the Lutheran parish church up to the palace.

«A Marburg il faut remuer ses jambes et monter et descendre des marches», ainsi s'exprime Jacob Grimm à propos de ses promenades quotidiennes qui le menaient de sa maison d'habitation, dans la Barfüßerstraße, à travers la vieille ville. Ruelles et petits escaliers resteront à jamais gravés dans la mémoire de ceux des visiteurs qui seront partis à pied à la découverte de cette ville universitaire et qui, fuyant les rues animées, auront cherché le chemin montant à l'Eglise paroissiale luthérienne sur la colline du château.

Senckenbergstraße
Einbahnstraße

Als ein besonders gelungenes Beispiel hessischer Fachwerk-Baukunst gelten das malerische Neue Schloss und das Zeughaus in Gießen, das für den Landgrafen Philipp den Großmütigen in den Jahren 1533 bis 1539 erbaut wurde. Die Räumlichkeiten gehören heute zur Justus-Liebig-Universität, die 1607 gegründet wurde.

The picturesque New Palace and the Armoury in Giessen built between 1533 and 1539 for Count Philipp the Magnanimous is regarded as a particularly fine example of Hessian half-timbered architecture. The premises are now part of the Justus Liebig University, founded in 1607.

Le pittoresque Neues Schloss (Nouveau Château) et son Arsenal (Zeughaus) à Gießen, construit de 1533 à 1539 à l'intention du landgrave Philippe le Magnanime, passe pour être un exemple particulièrement réussi de l'art du colombage en Hesse. Les locaux font aujourd'hui partie de l'Université Justus-Liebig, fondée en 1607.

Auf halbem Wege zwischen der alten Reichsstadt Wetzlar und der Residenzstadt Weilburg erhebt sich die Silhouette des traditionsreichen Schlosses Braunfels der Grafen von Solms. Die hier beginnende Reiseroute „Solmser Straße" lässt Geschichte greifbar und Vergangenes lebendig werden.

Half-way between the old imperial town of Wetzlar and the princely seat of Weilburg towers the silhouette of tradition-steeped Braunfels palace, seat of the counts of Solms. The Solmser Strasse holiday route starts here, bringing history within reach and the past to life.

A mi-chemin entre Wetzlar, ancienne ville d'empire, et Weilburg se dresse la silhouette du château de Braunfels, résidence au riche passé des comtes de Solms. La «Solmser Straße», itinéraire touristique partant de cet endroit, fait revivre le passé et rend l'Histoire accessible à tous.

Wie eine flache Mulde liegt die Wetterau zwischen Taunus und Vogelsberg. Vom Johannisberg bei Bad Nauheim oder von der Burgruine Münzenberg gleitet der weite Blick über die fruchtbare, fast waldlose Landschaft. Neben der Wartburg bei Eisenach gilt das „Wetterauer Tintenfass“ als einer der bedeutendsten Wehrbauten aus dem Mittelalter. Ihr Erbauer, Kuno von Hagen-Arnsburg, der sich später von Münzenberg nannte, zählte zu den einflussreichsten Gefolgsleuten der Staufer. Hervorragende Werke romanischer Profanarchitektur mit Steinmetzarbeiten aus Sandstein und Mauerwerk aus Säulenbasalt finden sich im Kern der Burganlage. Das Kloster Arnsburg in der Nähe von Lich zählt mit der für Zisterzienserklöster typischen Lage in der Einsamkeit des Waldes, der Qualität seiner Architektur und der bewachsenen Mauerreste zu den schönsten Ruinen Deutschlands.

Das Staatsbad Bad Nauheim machte sich um 1900 rasch in aller Welt einen Namen, als auch Mitglieder des europäischen Adels, unter ihnen die österreichische Kaiserin Elisabeth, das russische Zarenpaar und die deutsche Kaiserin Auguste Viktoria, die Heilkraft der Thermalsole-Quellen suchten. Zu jener Zeit nahm auch das Bauwerk Gestalt an, das der Badestadt ein überaus prägnantes Erscheinungsbild gegeben hat: der im Jugendstil errichtete Sprudelhof mit seinen sechs Badehäusern. Im Kurpark, der großzügig im englischen Stil von Gartenarchitekt Heinrich Siesmayer mit alten Baumbeständen, Skulpturen, Teichen und Wasserspielen angelegt wurde, sorgen Spaziergänge für Erholung und Entspannung. Im stilvollen Ambiente und der friedvollen, harmonischen Atmosphäre des Hotels Grunewald weilte Elvis Presley einige Monate während seiner Militärzeit in Deutschland.

Von Barbarossa als „Stadt in der Stadt“ 1180 gegründet, entwickelte sich die Reichsburg Friedberg zum Mittelpunkt der Reichsritterschaft. Ihr Wahrzeichen, der machtvolle Adolfsturm, symbolisierte ihre kraftvolle Entwicklung und Behauptung; denn er war aus dem Lösegeld errichtet, das der in einer Fehde mit den Friedberger Burgmannen 1347 unterlegene Graf Adolf I. von Nassau hatte bezahlen müssen. Eines der wenigen nicht zerstörten Beispiele jüdischen Erbes in Hessen ist die Mikwe, ein für rituelle Waschungen 1260 gebautes Bad. Da in jedem Fall lebendiges, also fließendes Wasser hierzu genutzt werden musste, wurde ein quadratischer, 25 Meter tiefer und fünf Meter breiter Schacht ausgemauert, um an das Grundwasser zu gelangen. Lediglich eine achteckige Öffnung sorgte für die spärliche Beleuchtung mit Tageslicht.

Mit einem von Kelten im Heidetränktal in der Nähe von Oberursel errichteten „Oppidum“ kann die Region eine sehr alte Siedlungsgeschichte vorweisen. Während zweier Jahrhunderte beherrschten die Römer den Hochtaunus, auf dessen ost-westlicher Kammlinie ihr Verteidigungswall verlief. Spuren des Limes sind noch heute über längere Strecken deutlich zu erkennen. Weithin bekannt durch erfolgreiche Ausgrabungen und Rekonstruktion wurde das Römerkastell Saalburg bei Bad Homburg vor der Höhe. Homburg selbst, die über 1200 Jahre alte Residenzstadt der Landgrafen von Hessen-Homburg, gilt als einer der vornehmsten deutschen Kurorte. Das von Louis Jacobi 1887–1890 erbaute Kaiser-Wilhelm-Bad und der von Peter Joseph Lenné angelegte Kurpark verbürgen sich mit bekannten Namen dafür, dass hier auch Royalties baden konnten. Markant überragt der „Weiße Turm“ des Landgrafenschlosses die romantische Altstadt mit ihren bezaubernden Fachwerkbauten aus dem 17. und 18. Jahrhundert. Als „ein fein wohlerbaut Stättlein, in einer schönen und fruchtbaren Gegend gelegen“, beschreibt Matthäus Merian das burggeschmückte Kronberg 1655 in seiner wundervoll ausgestalteten Chronik hessischer Dörfer und Städte. Auch die Mitglieder der „Kronberger Malerkolonie“, allesamt Künstler der Frankfurter Schule, nutzten den malerischen Ort als Anregung und Motiv. Die mineralhaltigen Quellen von Bad Soden lockten im 19. Jahrhundert russische Adlige und Schriftsteller auf ihren traditionellen Westeuropareisen in den Taunus, so auch Leo Tolstoi, der die vielfältigen Eindrücke des mondänen Kurbetriebs in seinem Roman „Anna Karenina“ verarbeitete. Ein beliebter Ferienort und Ausgangspunkt für eine Besteigung des Feldbergs ist der heilklimatische Kurort Königstein. In der Altstadt lassen sich viele malerische Winkel aufspüren und prachtvolle Villen entdecken, die sich die reichen Frankfurter Bürger an den Taunushängen errichteten.

Durch die großen Messen, die alljährlich im Herbst stattfanden, wurde Frankfurt am Main zu einer wichtigen Handelsstadt. Die „Goldene Bulle“ Karls IV. bestimmte die Stadt als Wahlort der

Der weltberühmte Sprudelhof in Bad Nauheim gilt zusammen mit der Trinkkuranlage als das wichtigste geschlossene Bauwerk des Jugendstils.

The world-famous Sprudelhof in Bad Nauheim, along with the pump rooms, is regarded as the leading self-contained example of Art Nouveau.

Le célèbre Sprudelhof, la «Cour des Sources» qui, avec les bâtiments de cure, constitue le centre thermal de Bad Nauheim.

The Wetterau region lies like a shallow hollow between Taunus and Vogelsberg. From the Johannisberg near Bad Nauheim or the ruined castle of Münzenberg there is a view far and wide across the fertile, open countryside. Alongside the Wartburg at Eisenach, the “Wetterau Inkwell” is regarded as one of the most important mediaeval defensive buildings. Its builder, Kuno von Hagen-Arnsburg, who later changed his name to von Münzenberg, was one of the most influential liegemen of the Staufen emperors. Inside the castle complex some superb examples of Romanesque secular architecture can be found, with sandstone carvings and column basalt masonry. Typically for a Cistercian monastery, Kloster Arnsburg near Lich is set in a secluded location among woods. This, the quality of its architecture and the overgrown remains of walls make it one of Germany’s loveliest ruins.

Around 1900, Bad Nauheim’s municipal bath quickly made a name for itself all over the world when members of the European nobility, among them Empress Elisabeth of Austria, the Tsar and Tsarina of Russia and Empress Auguste Viktoria of Germany, came to seek the healing powers of its sulphurous thermal springs. The building which gave the spa town its most distinctive appearance – the Art Nouveau-style Sprudelhof with its six bath-houses – also took shape at that time. Walks through the Kurpark, generously laid out in the English style by the landscape gardener Heinrich Siesmayer, with its mature trees, sculpture, ponds and fountains, passing into the woods of the Taunus, ensure rest and relaxation. Elvis Presley spent a few months in the stylish surroundings and peaceful, harmonious atmosphere of the Hotel Grunewald during his military service in Germany.

Founded by Emperor Friedrich Barbarossa in 1180 as a “town within a town,” the imperial castle of Friedberg became the headquarters of the imperial knights. Their emblem, the stalwart Adolf Tower, symbolised their powerful development and assertion, for it was built with the ransom money Count Adolf I of Nassau was forced to pay after he was defeated in a feud with the knights of Friedberg in 1347. One of the few examples of Jewish heritage in Hesse which was not destroyed is the Mikwe, built in 1260 for ritual bathing. Since ritual bathing required the use of living, that is running, water, a rectangular shaft five metres wide and 25 metres deep was dug in order to access the ground water. The building’s sparse natural light came through a single octagonal opening.

The history of settlement in the region goes back a very long way, as demonstrated by the existence of an “oppidum” (Latin for “town”) built by Celts in the Heidetränk valley near Oberursel. For two centuries the Romans ruled the High Taunus, indeed their “limes,” or defensive embankment ran along the line of its east-west ridge.

Traces of the limes are still clearly recognisable along substantial stretches of the ridge. The Roman camp of Saalburg near Bad Homburg vor der Höhe became known far and wide for successful excavations and reconstruction. Homburg itself is more than 1,200 years old. The seat of the counts of Hesse-Homburg, it is regarded as one of the most exclusive German spas. The Kaiser Wilhelm Baths built by Louis Jacobi in 1887–1890 and the Kurpark laid out by Peter Joseph Lenné have famous names to guarantee that even royalty could bathe here. The "White Tower" of the counts' castle towers distinctively over the romantic old city centre with its captivating half-timbered buildings dating from the seventeenth and eighteenth centuries. In his beautifully-done chronicle of Hessian villages and towns, published in 1655, Matthäus Merian described Kronberg, adorned with a castle, as "a fine and well-built small town, situated in an attractive and fertile region." The members of the "Kronberg Painters' Colony," all artists of the Frankfurt School, found inspiration and motifs in the picturesque town. In the nineteenth century the mineral springs of Bad Soden attracted

Innovative Kreationen der zeitgenössischen Kunstszene begleiten den Besucher im Frankfurter Museum für Moderne Kunst.

Innovative creations of the contemporary art scene accompany visitors to the Frankfurt Museum of Modern Art.

Le Musée d'Art moderne de Francfort propose au visiteur des œuvres d'artistes à l'esprit novateur représentant l'art contemporain.

La Wetterau, dépression plate, s'étend entre le Taunus et le Vogelsberg. Du mont Johannisberg, près de Bad Nauheim ou encore des ruines du château médiéval de Münzenberg, la vue embrasse la vaste campagne environnante dont le sol, fertile, est cependant dénué de forêts. Situé à côté de la Wartburg, près de Eisenach, le «Wetterauer Tintenfass» («L'Encrier de la Wetterau») passe pour être l'un des plus importants ouvrages de défense du Moyen Age. Son constructeur, Kuno von Hagen, qui, plus tard, se fit appeler von Münzenberg, comptait parmi les vassaux les plus influents des Hohenstaufen. A l'intérieur de ces fortifications on admirera de remarquables ouvrages en matière d'architecture profane, réalisés dans le style roman et taillés dans le grès ainsi que des pièces maconnées constituées d'orgues basaltiques. En raison de son site isolé, au beau milieu d'une forêt – trait caractéristique des abbayes cisterciennes –, de la qualité de son architecture et de ses restes de murs tapissés de mousse, le couvent d'Arnsburg, à proximité de Lich, compte parmi les plus belles ruines d'Allemagne.

La renommée acquise, au tournant du XXe siècle, par Bad Nauheim, ville thermale de l'Etat, fit vite le tour du monde, après que certains membres de la noblesse européenne dont l'impératrice Elisabeth d'Autriche, le tsar et la tsarine russes, l'impératrice allemande Auguste Viktoria furent venus chercher remède à leurs maux dans ses sources thermales et ses eaux salines. C'est à cette époque également que fut construit l'édifice qui devait conférer à cette ville d'eaux son caractère si particulier: le centre thermal Sprudelhof, comprenant six pavillons de bains et réalisé dans le style Art Nouveau. Menant dans les forêts du Taunus, des sentiers de promenade sillonnent le parc aménagé à l'anglaise par l'architecte-paysagiste Heinrich Siesmayer et doté d'une vieille population d'arbres ainsi que de sculptures, d'étangs et de jeux aquatiques qui y assurent le repos et la détente des curistes. C'est dans le cadre élégant et l'atmosphère paisible et harmonieuse de l'Hôtel Grunewald qu'Elvis Presley séjourna pendant les quelques mois de son service militaire en Allemagne.

Fondé en 1180 par Frédéric Barberousse pour être une «ville dans la ville», le château impérial de Friedberg devint le foyer de la chevallerie de l'empire. Son emblême, la puissante Adolfsturm, symbolisait son vigoureux développement et sa domination. Il avait en effet été construit à l'aide de la rançon qu'avait dû payer le comte Adolf Ier de Nassau, défait à l'issue d'un combat qui, en 1347, l'opposa aux seigneurs du château de Friedberg. Le Mikwe, maison de bains construite en 1260 et consacrée aux ablutions rituelles est l'un des rares exemples du patrimoine juif à avoir survécu en Hesse. L'eau utilisée à cet effet devant être vive, donc en mouvement, on y creusa un puits de forme carrée atteignant 25 mètres de profondeur et 4 mètres de largeur afin de parvenir jusqu'à la nappe phréatique. Seule une ouverte octogonale laissant pénétrer parcimonieusement la lumière du jour permettait d'y voir clair.

La colonisation de cette région remonte fort loin dans le passé, ce dont témoigne l'«Oppidum» lotissement construit par les Celtes dans la vallée «Heidetränktal», à proximité de la ville d'Oberursel. Pendant deux siècles, les Romains dominèrent le Haut-Taunus, édifiant leurs fortifications d'est en ouest, tout au long de la ligne des crêtes. Certains vestiges du Limes sont encore nettement reconnaissables aujourd'hui sur d'assez longues distances. Le fort romain de Saalburg, près de Bad Homburg vor der Höhe, est largement connu pour les nombreux vestiges mis au jour au cours de fouilles et pour son excellente reconstruction. Homburg, résidence des landgraves de Hesse-Homburg pendant plus de 1200 ans, passe, quant à elle, pour être l'une des stations thermales les plus sélectes d'Allemagne. Le Kaiser-Wilhelm-Bad, la Maison des Bains construite en 1887– 1890 par Louis Jacobi ainsi que le Kurpark, aménagé par Peter Joseph Lenné, tous noms célèbres, sont la garantie que les têtes couronnées ont pu venir y prendre les eaux. Le «Weißer Turm», donjon du Château des Landgraves domine la romantique vieille ville et ses ravissantes maisons à colombages datant des XVIIe et XVIIIe siècles. Dans sa chronique si magnifiquement enluminée des villages et villes de Hesse, parue en 1655, Matthäus Merian parle de la ville de Kronberg, couronnée de son château, comme d'«une exquise petite localité, joliment construite, située dans une belle région fertile». Les membres de la «Colonie des peintres de Kronberg», tous artistes sortis de l'Ecole de Francfort, s'inspirèrent eux aussi de ce pittoresque village. Les sources de Bad Soden, riches en minéraux, attirèrent dans le Taunus des nobles et des écrivains russes qui y séjournèrent au cours de leurs voyages traditionnels à travers l'Europe, tel Léon Tolstoi qui transcrivit dans son roman «Anna Karenina» ses multiples impressions de la vie mondaine recueillies dans cette ville de cure. La station climatique de Königstein est un lieu de villégiature fort prisé et peut être le point de départ d'une ascension du Feldberg. On y découvrira également de nombreux coins pittoresques au cœur de la vieille ville, ainsi que les splendides villas que se firent construire sur les hauteurs de riches bourgeois de Francfort.

C'est grâce aux grandes foires commerciales qui s'y tiennent tous les ans à l'automne que la ville de Francfort a pu devenir une importante ville marchande. La «Bulle d'Or» promulguée par Charles IV fit de cette ville le lieu d'élection des empereurs allemands en même temps qu'un centre politique de l'Allemagne. Après que Maximilian II y eut été couronné en 1562, cette ville des bords du Main devint également lieu du sacre des empereurs allemands. C'est au numéro 23 de la rue «Großer Hirschgraben» que le plus éminent des fils de Francfort, Johann Wolfgang Goethe, vit le jour en 1749. Petit garçon, il assista à

deutschen Kaiser und machte es damit zu einem politischen Zentrum Deutschlands. Seit im Jahr 1562 Maximilian II. in Frankfurt gekrönt worden war, wurde die Mainstadt auch die bevorzugte Krönungsstätte der deutschen Kaiser. 1749 wurde im Großen Hirschgraben 23 Frankfurts großer Sohn, Johann Wolfgang von Goethe, geboren. Als Knabe erlebte er die Besetzung seiner Vaterstadt durch die Franzosen im Siebenjährigen Krieg. Unter Glockengeläut und Geschützdonner zogen am 18. Mai 1848 die Abgeordneten der ersten Deutschen Nationalversammlung vom Kaisersaal des Frankfurter Römers durch das Spalier der Frankfurter Stadtwehr zur Paulskirche. Zwischen 1940 und 1945 wurde Frankfurt von zahlreichen Luftangriffen, Störflügen und Tieffliegerangriffen heimgesucht. Tausende Tonnen Spreng- und Brandbomben zerstörten oder beschädigten vier Fünftel aller Bauten. Ein Großangriff am 22. März 1944 löschte den Altstadtkern völlig aus. Der Wiederaufbau Frankfurts begann jedoch schon bald und kam zügig voran. Innerhalb kürzester Zeit entwickelte sich die Mainmetropole zu einem kulturellen und wirtschaftlichen Zentrum des neuen Deutschlands und der europäischen Gemeinschaft. Nicht nur wegen seiner zahlreichen, weit in den Himmel ragenden Stahlbetonriesen wird „Mainhattan" mittlerweile weltweit mit dem geschäftigen New York verglichen.

Lange nach dem Krieg wurde die Alte Oper wieder-aufgebaut.

Frankfurt's Alte Oper, or old opera-house, was rebuilt many years after the war.

La reconstruction de l'Ancien Opéra ne se fit que longtemps après la guerre.

In historisch reizvoller Umgebung präsentieren sich in Hanau, der Geburtsstadt der Brüder Grimm, Kunst und Kultur auf ganz verschiedene Weise. Das im ehemaligen Rathaus beheimatete Deutsche Goldschmiedehaus am Altstädter Markt zeigt wechselnde Ausstellungen zur Schmuckverarbeitung. Im Stadtteil Kesselstadt liegt das von 1701 bis 1712 nach französischem Vorbild als Sommerresidenz des Grafen Philipp Reinhard von Hanau errichtete Schloss Philippsruhe, das Ende des 19. Jahrhunderts im neobarocken Stil umgebaut wurde. Eine der vom Schloss ausgehenden Alleen führt zur Kurbadanlage Wilhelmsbad.
Zwischen Spessart und Vogelsberg führt das Tal der Kinzig aufwärts nach Gelnhausen. Im hessischen Kinzigtal verlief einst die wichtige Handelsstraße von Leipzig nach Frankfurt, von der nicht zuletzt auch die berüchtigten Spessarträuber profitierten. Heute treffen hier die „Deutsche Märchenstraße" und die „Deutsche Ferienroute Alpen-Ostsee" zusammen. In der von Kaiser Friedrich I., genannt Barbarossa, 1170 gegründeten Reichsstadt Gelnhausen thront die auf einer Insel der Kinzig erbaute Kaiserpfalz. Die Barbarossaburg gilt als das am besten erhaltene staufische Palastgebäude Deutschlands. Ab 1170 entstand das Wahrzeichen der Stadt, die Marienkirche. Im „Kronjuwel Gottes" zählt insbesondere der Lettner mit seiner Darstellung des „Jüngsten Gerichts" international als wertvolle künstlerische Einzigartigkeit. Auch der um 1500 entstandene Hochaltar gehört zu den bedeutenden Kunstschätzen der Marienkirche. Auf dem Spaziergang durch die Altstadt trifft man auf die Geburtshäuser zweier berühmter Söhne der Stadt: Hans Jakob Christoffel von Grimmelshausen (1622–1676) gilt als größter deutscher Erzähler des 17. Jahrhunderts, der vor allem mit seinem Werk „Der abenteuerliche Simplicissimus" bekannt wurde. Johann Philipp Reis (1834–1874) revolutionierte die Welt mit der Erfindung des Telefons.

Russian aristocrats and writers on their traditional tours of western Europe to the Taunus. Among them was Leo Tolstoy, who made use of the varied impressions he gained of sophisticated spa society in his novel "Anna Karenina." The spa town of Königstein with its healing climate is a popular holiday centre and base for climbing the Feldberg. The old town centre has many picturesque spots, not to mention splendid mansions built by rich citizens of Frankfurt on the slopes of the Taunus.
Frankfurt am Main became an important centre of trade through the big trade fairs held each year in autumn. Emperor Charles IV's "Golden Bull" specified that the city was to be where Holy Roman Emperors were to be elected, thus making it a political centre of Germany. After Maximilian II was crowned there in 1562, Frankfurt also became the preferred place for coronations of the German emperors. In 1749 Frankfurt's greatest son, Johann Wolfgang von Goethe, was born at Grosser Hirschgraben 23. As a boy he experienced the occupation of his home town by the French

Romantische Fachwerkhäuser und winkelige Gassen bestimmen den Reiz von Bad Orb.

Romantic half-timbered buildings and narrow, winding streets define the charm of Bad Orb.

Ses nombreuses maisons à colombages d'aspect romantique, ses ruelles tortueuses, font le charme de Bad Orb.

during the Seven Years' War. To the ringing of bells and thunder of cannons, on 18 May 1848 the deputies of the first German National Assembly passed from the Imperial Hall of the Frankfurt Römer building through a guard of honour of the Frankfurt municipal defence force to the Paulskirche church. Between 1940 and 1945 Frankfurt was bombed, strafed and attacked by low-flying aircraft on numerous occasions. Thousands of tons of exploding bombs and fire-bombs destroyed or damaged four fifths of the city's buildings. A massive air raid on 22 March 1944 completely wiped out the historic city centre. However, reconstruction was soon begun and made rapid progress. Within a very short time Frankfurt became a cultural and business centre of the new Germany and the European Community. Nowadays, people all over the world compare "Mainhattan" with bustling New York, and not just on account of the large numbers of skyscrapers.

A completely different aspect of art and culture is on show in enchanting, historic surroundings in Hanau, birthplace of the Brothers Grimm. The German Goldsmiths' House in the former town hall on the Altstadt market square holds changing jewellery-making exhibitions. In the town's Kesselstadt district is Schloss Philippsruhe, built between 1701 and 1712 in the French style as a summer residence for Count Philipp Reinhard von Hanau. In the late nineteenth century it underwent Baroque-style alterations. One of the avenues running from the palace leads to the Wilhelmsbad spa baths.

Between the Spessart and Vogelsberg regions, the valley of the Kinzig leads up to Gelnhausen. The major trade route from Leipzig to Frankfurt once ran through the Kinzig valley in Hesse, a fact from which not least the notorious Spessart robbers profited. Now it is the meeting-point of the German Fairy-Tale Road and the German Holiday Road from the Alps to the Baltic. In the imperial town of Gelnhausen, founded in 1170 by Emperor Friedrich I, also known as Barbarossa, the imperial palace stands in splendid isolation on an island in the Kinzig. Barbarossa's castle is regarded as Germany's best-preserved Staufen palace. Building of the town's emblem, the Marienkirche, was begun in 1170. Inside, the choir screen with a representation of the Last Judgement is a unique work of art of international repute. Another of the Marienkirche's major treasures is the high altar, which dates from around 1500. Walking round the Altstadt, you come across the houses where two famous sons of the town were born. Hans Jakob Christoffel von Grimmelshausen (1622–1676) was a great seventeenth-century German story-teller, best known for his novel "Simplicissimus." Johann Philipp Reis (1834– 1874) revolutionised the world by inventing the telephone.

l'occupation de sa ville natale par les Français, au cours de la Guerre de Sept Ans. Le 18 mai 1848 les députés de la première Assemblée nationale allemande venant de la Salle impériale du Römer, firent leur entrée dans la Paulskirche, au son des cloches et sous le tonnerre des canons, entre les deux haies de la police municipale. Entre 1940 et 1945, Francfort fut ravagé par de nombreux raids aériens, vols de harcèlement et attaques à basse altitude. Des milliers de tonnes de bombes explosives et incendiaires anéantirent 4/5 des bâtiments ou leur firent subir d'importants dégâts. Une attaque aérienne de vaste envergure, celle du 22 mars 1944, détruisit le noyau urbain dans sa totalité. Toutefois, la reconstruction de Francfort fut mise en œuvre peu de temps après et rapidement menée à bonne fin. En un temps record, la métropole des bords du Main était devenue un centre culturel et économique de la nouvelle Allemagne et de la Communauté européenne. Que «Mainhattan» ait été comparé à la trépidante New York n'est plus dû, entretemps, qu'au seul nombre de ses tours géantes.

C'est dans un cadre historique attrayant, que Hanau, ville natale des frères Grimm, nous présente son art et sa culture de façon fort diverse. A la «Deutsches Goldschmiedehaus», la Maison allemande de l'Orfèvrerie, sise dans l'ancien hôtel de ville, en bordure de la place Altstädter Markt, on pourra admirer différentes expositions touchant la fabrication des bijoux tandis qu'on découvrira, dans le quartier de Kesselstadt, le château de Philippsruhe, construit à la française pour servir de résidence d'été au comte Philipp Reinhard von Hanau. Ce château fut remanié dans le style néo-baroque vers la fin du XIXe siècle. L'une des allées partant du château mène à la station thermale de Wilhelmsbad.

Sinuant entre le Spessart et le Vogelsberg, la vallée de la Kinzig monte en direction de Gelnhausen. L'importante voie commerciale menant de Leipzig à Francfort passait autrefois à travers cette vallée, ce dont profitèrent les redoutables et célèbres brigands de la Forêt du Spessart. Ici se rejoignent aujourd'hui la «Route allemande des Contes de Fées» et la «Route allemande des Vacances Alpes-Mer Baltique». Dans l'ancienne ville d'empire de Gelnhausen, fondée en 1170 par l'empereur Frédéric Ier, dit Barberousse, trône le palais impérial, bâti sur une île de la Kinzig. Cette demeure féodale passe pour être le palais de la famille des Hohenstaufen le mieux conservé d'Allemagne. C'est à partir de 1170 que fut érigée la Marienkirche, emblême de la ville. Le jubé orné d'un étonnant Jugement dernier, que l'on trouvera dans ce «joyau de la couronne de Dieu», est considéré comme étant une œuvre des plus précieuses et des plus singulières existant au monde. Le maître-autel, réalisé vers 1500, fait également partie des trésors artistiques de la Marienkirche. En se promenant à travers la vieille ville, le visiteur découvrira les maisons natales de deux fils célèbres de cette ville: Hans Jakob Christoffel von Grimmelshausen (1622–1676), considéré comme le plus grand romancier allemand du XVIIe siècle et connu avant tout pour avoir écrit «Der abenteuerliche Simplicissimus» («Les aventures de Simplex Simplicissimus»). Johann Philipp Reis (1834–1874), quant à lui, révolutionna le monde en inventant le téléphone.

Die Ysenburger Fürstenfamilie bewohnt noch heute die malerische Schlossanlage in Büdingen.

The picturesque palace of Büdingen is still home to the princes of Ysenburg.

La famille princière d'Ysenburg habite encore dans le château pittoresque de Büdingen.

Der Römer, das Frankfurter Rathaus, ist ein Bauensemble von elf Patrizierhäusern, deren ältestes (Mitte) aus dem 14. Jahrhundert stammt. Nach schweren Kriegsschäden wurde es wiederaufgebaut.

The Römer, Frankfurt's city hall, is a group of eleven town houses the oldest of which (centre) dates back to the fourteenth century. It was rebuilt after heavy wartime damage.

Le Römer, hôtel de ville de Francfort, est un ensemble composé de douze maisons patriciennes, dont la plus ancienne (au centre) remonte au XIVe siècle. Fortement endommagé pendant la guerre, il fit l'objet d'une restauration par la suite.

Die zentrale Lage hat Frankfurt zu einem wichtigen Zentrum für die Industrie und den Handel in Europa gemacht. Zeichen der Entwicklung sind die vielen Hochhaustürme, neben denen die Türme von Dom und Paulskirche verschwindend klein wirken. „Mainhattan“, wie man die Stadt wegen ihrer Skyline scherzhaft nennt, wird von einem neuen Verständnis für Tradition, urbanes Leben und Stadtgestaltung getragen.

Its central location has made Frankfurt a major centre for commerce and industry in Europe. A sign of this development are the many high-rise towers, alongside which the towers of the Cathedral and the Paulskirche appear minuscule. "Mainhattan," as the city is fondly nicknamed on account of its skyline, has come to appreciate a fresh sense of tradition, urbane lifestyle and urban planning.

Sa position centrale a fait de Francfort un centre important dans le domaine de l'industrie et du commerce en Europe. Signes de cette évolution: les nombreuses tours à côté desquelles celles de la cathédrale et de la Paulskirche semblent presque disparaître. «Mainhattan», comme on nomme la ville en raison de ses gratte-ciel, est l'expression d'une nouvelle conception alliant tradition, vie et architecture urbaines.

Im Zentrum des Kurparks von Bad Homburg, im Brunnenbezirk, steht das Kaiser-Wilhelm-Bad, das Louis Jacobi von 1887 bis 1890 erbauen ließ. Das wegen der reichhaltigen Ausstattung so viel gerühmte Therapiehaus festigte nicht nur damals, sondern auch heute noch den Ruf Homburgs als Heilbad.

In the centre of the Bad Homburg Kurpark, in the spa district, stands the Kaiser Wilhelm Bath House. Commissioned by Louis Jacobi, it was built between 1887 and 1890. Much praised for its extensive facilities, it consolidated Homburg's reputation as a healing spa, and still does so.

C'est au milieu du Kurpark de Bad Homburg, dans le quartier des sources, que l'on trouvera le Kaiser-Wilhelm-Bad, la Maison des Bains, que fit construire Louis Jacobi de 1887 à 1890. Ce centre thérapeutique, renommé pour son fastueux équipement, ne fit pas que fonder la renommée de Bad Homburg en tant que ville d'eaux à l'époque où il fut construit; il y contribue encore de nos jours.

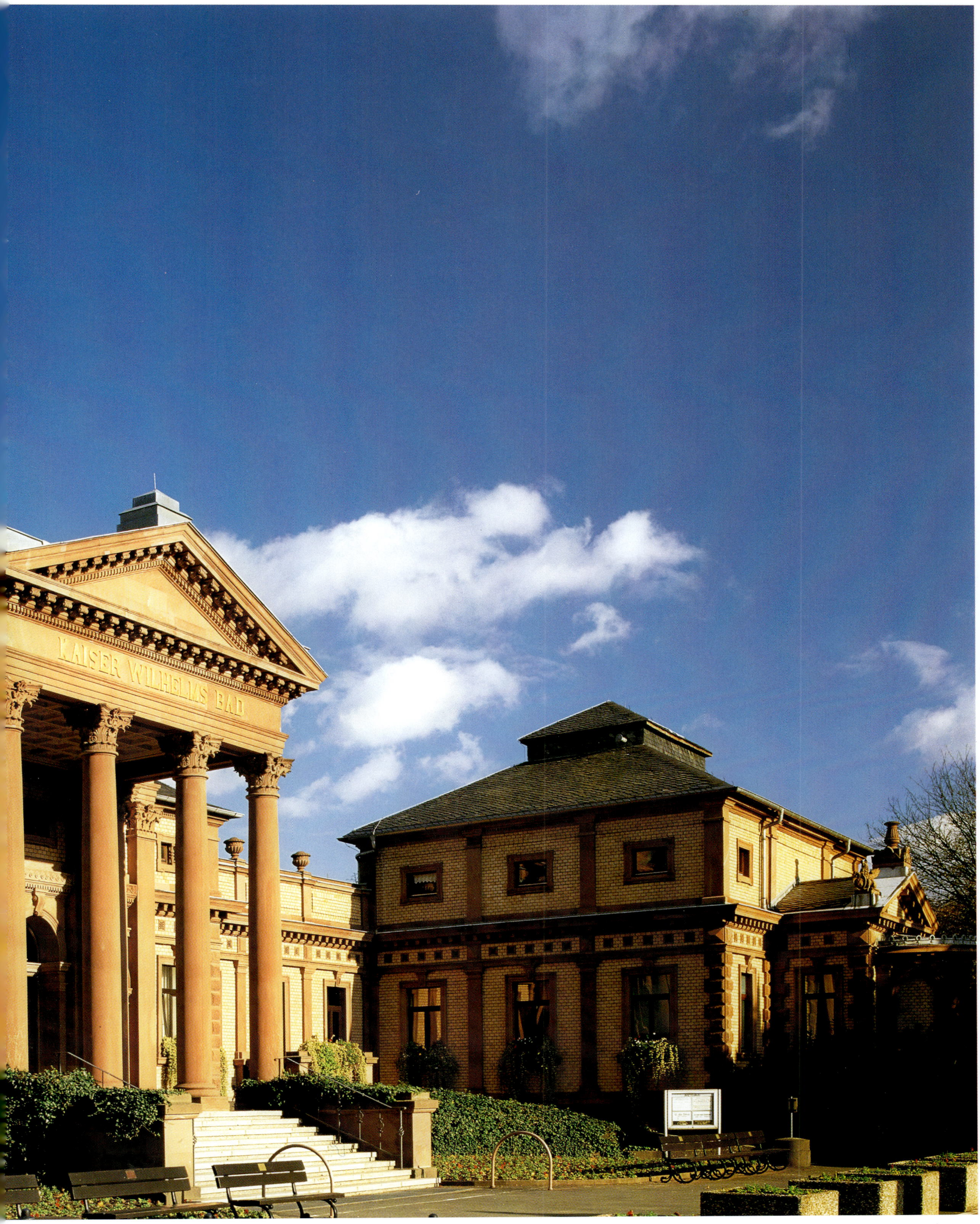
KAISER WILHELMS BAD

Nur am Rhein, da möcht' ich leben, nur am Rhein, da möcht' ich sein, wo die Berge tragen Reben, und die Reben goldnen Wein", heißt es im Volkslied. Das Rheintal von Wiesbaden bis Rüdesheim wird Rheingau genannt und ist der schönste Teil des Hessenlandes. Von Lorchhausen am Mittelrhein erstreckt sich über die sanften Hänge des Taunus und die warmen Böden der Mainmündung bis hin zum Weindorf Wicker bei Flörsheim eine geschlossene Weinlandschaft mit einer Ertragsrebfläche von 3233 Hektar. Für ein einmaliges Weinklima an den sonnigen Südhängen sorgt Altvater Rhein, der sein ganzes Wohlwollen auf diesen Landstrich ergießt, indem er für ein kurzes Stück seinen Lauf nach Westen lenkt. Erst hinter Rüdesheim nimmt er seinen ursprünglichen Kurs wieder auf – nicht ohne uns eine der schönsten Flusslandschaften Deutschlands geschenkt zu haben. Kein Wunder, dass sich hier die sensible Rieslingrebe zu Hause fühlt und mit großer Frucht heranreift. Typisch für den Rheingau sind die Straußenwirtschaften und Gutsschänken, auf die ein Sträußchen vor dem Tor aufmerksam macht. Eine Winzerfamilie, die sich dazu entschließt, eine Straußenwirtschaft einzurichten, teilt für einige Monate im Jahr ihr Privatleben mit den einkehrenden Fremden, die aber sehr schnell zu Freunden werden. Hier gönnt man sich einen „halben Schoppen" mit einer Rheingauer Unterlage: einen „Handkäs' mit Musik", „Spundekäs'" oder einen Winzerteller mit Hausmacherwurst.

In unmittelbarer Nachbarschaft zur Industriestadt Rüsselsheim, den meisten durch ihre Opelwerke bekannt, beginnen im Flörsheimer Ortsteil Wicker zahlreiche Routen und Wanderwege. Auf Schusters Rappen führt zum Beispiel der 120 Kilometer lange „Rheingauer Riesling Pfad" bis nach Lorch. Feste Wanderschuhe und eine Wanderkarte sollten jedoch zu jeder Grundausstattung gehören, um die herrlichen Ausblicke ins Rheintal genießen zu können. „Einen schöneren und reicheren Bauernort habe ich nicht gesehen", schwärmt Johann Kaspar Riesbeck über Hochheim am Main, „er gehört dem Domkapitel von Mainz, und der Dechant dieses Kapitels genießt die Revenuen desselben. In einem guten Jahr gewinnt er hier für zwölf- bis fünfzehntausend Gulden Wein. Dieser Wein gehört also unter die teuersten in der Welt. Wir waren begierig, diesen seltenen Wein zu kosten, und mussten im Ort selbst die gewöhnliche grüne Bouteille mit einem Reichstaler bezahlen. Dies war der erste deutsche Wein, den ich ganz ohne Säure gefunden, er war auf der Zunge bloßes Gewürz."

Als General Eisenhower am 19. September 1945 mit der Proklamation Nr. 2 die Gründung des Landes Groß-Hessen verkündete, wurde Wiesbaden die neue Landeshauptstadt, da sie im Gegensatz zu Kassel, Frankfurt und Darmstadt die alliierten Bombenangriffe relativ unbeschadet überstanden hatte. Über das frühere Wiesbaden, den einstigen Sitz der Herzöge von Nassau, weiß Heinrich Laube 1837 Treffendes zu berichten: „Am Fuße dieses Gebirges in einem Tale kleiner Wellenhügel liegt Wiesbaden breit und reich mit gastlich wirkenden Landhausfassaden, ein wohl genährter, üppiger Anblick südlichern Landes. Alles dehnt sich hier gemächlich und fest wohlhabend zu einem ächten, großen Bade, wo man eine Saison verbringt, um die Schwächen des Winters zu reparieren, im Freien zu frühstücken, Sommerluft mit offnem Munde zu schlürfen oder im prächtigen Kursaale mit fremden Wesen Tänze zu versuchen." Abseits des Mondänen besitzt Wiesbaden viele unauffällige Schönheiten, die auf ihre Entdeckung warten, gepflegte Parkanlagen und repräsentative Villen mit verglasten und schmiedeeisern verzierten Veranden. Die Russisch-orthodoxe Kirche mit ihren schlanken vergoldeten Kuppeltürmen lockt auf den Neroberg, ebenso die Aussicht auf ein geschlossenes Stadtbild, das sich von hier oben nach einer Fahrt mit der 1888 erbauten Bergbahn gut vom Rundtempelchen aus überblicken lässt. Erfrischung und Badefreuden in orientalischem Ambiente bietet das aus dem späten Jugendstil stammende Kaiser-Wilhelm-Bad.

Zum Bild der lieblichen Landschaft des Rheingaus gehören die malerischen Weindörfer, die ehemaligen Klosteranlagen – allen voran die Klöster Eberbach und Johannisberg – und die Kirchen und alten Herrensitze, die überwiegend in der Zeit der Gotik und des Barock entstanden sind. Zeugen alten Brauchtums sind die Wegkapellen, Bildstöcke und Wegkreuze, die die Weinberge schmücken. Noch zu Lebzeiten des heiligen Bernhard erbauten die Zisterzienser ab 1135

Die Marktkirche und das Neue Rathaus sind Mittelpunkt Wiesbadens. Das Stadtschloss (im Bild links) ist heute Sitz des hessischen Landtags.

The market church and the New Town Hall are the focal point of Wiesbaden. The Stadtschloss, or Town Palace (to the left of the picture), is now the seat of the Hesse state assembly.

La Marktkirche, l'Eglise du Marché, ainsi que la Neues Rathaus, le Nouvel Hôtel de Ville, représentent le cœur de Wiesbaden. Le Stadtschloss (à gauche) est aujourd'hui siège du Landtag, parlement régional de la Hesse.

The Rhine is where I want to live, nowhere but the Rhine, where the hillsides bear vines and the vines bear golden wine," says a German folk song. The Rhine valley from Wiesbaden to Rüdesheim, known as the Rheingau, is the loveliest part of Hesse. The gentle slopes of the Taunus and the warm soil of the Main estuary from Lorchhausen on the middle Rhine to the wine village of Wicker near Flörsheim form a unified stretch of wine-growing country, with vineyards covering 3,233 hectares. Old Father Rhine pours all his goodwill into this stretch of country by turning his course to the west for a short distance, thus ensuring a unique climate for wines on the sunny southern slopes. Only beyond Rüdesheim does he resume his original course, but not without having given us one of Germany's most beautiful riverine landscapes. No wonder that the sensitive Riesling grape feels at home here and ripens to full perfection. Typical of the Rheingau are the vineyard wine-bars, distinguished by a bunch of flowers or broom at the gate, or estate bars selling home-grown wines. A wine-growing family which decides to open a bar has to be prepared to share its private life for several months each year with passing strangers, who soon become friends. They are good places to enjoy "half a jug" with a Rheingau snack to line the stomach, something like strong-smelling cheese with onions, or a vintner's platter with home-made sausage, for example.

In the immediate vicinity of the industrial town of Rüsselsheim, known mostly on account of the Opel works there, a host of routes and long-distance trails begin in the Wicker district of Flörsheim. For example, one can walk the 120 kilometres of the Rheingau Riesling Path to Lorch. Stout walking-shoes and a hiking map are essential basic equipment if you are to enjoy the superb views across the Rhine valley. "I have never seen a more attractive or wealthier farming town," Johann Kaspar Riesbeck wrote enthusiastically of Hochheim am Main. "It belongs to the cathedral chapter of Mainz, and the deacon of this chapter enjoys its revenues. In a good year he gains wine to the value of twelve to fifteen thousand guilders here. In other words, this wine is among the most expensive in the world. We were eager to sample this rare wine, and in the town itself had to pay an imperial thaler for the usual green bottle. It was the first German wine I found to be completely acid-free, it was pure spice on the tongue."

When General Eisenhower issued Proclamation No. 2 founding the state of Greater Hesse on 19 September 1945, Wiesbaden became the new state capital because unlike Kassel, Frankfurt and

Darmstadt it had survived the Allied bombing relatively unscathed. This is how Heinrich Laube described Wiesbaden, the former seat of the Dukes of Nassau, in 1837: "At the foot of this mountain, in a valley of small undulating hills, lies Wiesbaden, broad and rich, with hospitable-looking country-house facades, a well-nourished, lush glimpse of a land further south. Everything here stretches in a leisurely way and with solid prosperity towards a genuine, large spa, where one spends a season in order to repair the weaknesses of winter, to breakfast in the open air, to take gulps of summer air or to try to dance with strangers in the magnificent Kursaal." In addition to its mundane side, Wiesbaden has many inconspicuous attractions waiting to be discovered. They include well-kept parks and imposing mansions with glazed verandahs with ornamental cast-iron. The Russian Orthodox church, its slim towers topped by gilded domes, is one

Das 1744 vollendete Schloss Biebrich diente seit 1806 als Residenz des neu geschaffenen Herzogtums Nassau und faszinierte Reisende wie Goethe und Richard Wagner.

The palace in Biebrich, completed in 1744, served from 1806 as the ducal seat of the newly-created Duchy of Nassau and fascinated visitors ranging from Goethe to Richard Wagner.

Dès 1806, le château de Biebrich, achevé en 1744, devint résidence du duché de Nassau, alors tout juste créé. Il fascina nombre de voyageurs, dont Goethe et Richard Wagner.

Au bord du Rhin, là seulement j'aimerais vivre, au bord du Rhin, là seulement j'aimerais être, là où les collines portent des vignobles et les vignes du vin doré», dit la chanson populaire. La vallée du Rhin, entre Wiesbaden et Rüdesheim, porte le nom de Rheingau et est la plus belle contrée de la Hesse. Des vignobles d'une superficie de 3233 hectares au total, s'étendent à perte de vue, de Lorchhausen, sur le cours moyen du Rhin, jusqu'au village viticole de Wicker près de Flörsheim, recouvrant les versants en pente douce du Taunus et les terres chaudes de l'embouchure du Main. Le Rhin, patriarche qui déverse tous ses bienfaits sur cette région, faisant, sur une courte distance, dévier son cours en direction de l'ouest, dispense aux versants méridionaux un climat ensoleillé propice à la culture de la vigne tel qu'il n'en existe nulle part ailleurs. Ce n'est qu'après avoir arrosé Rüdesheim qu'il reprend son cours d'origine, non sans avoir, auparavant, fait don à l'Allemagne, d'une de ses plus belles vallées fluviales. On ne sera donc pas surpris d'y voir tout particulièrement fructifier ce cépage si sensible qu'est le Riesling, qui y mûrit en donnant de gros grains. Les «Straußenwirtschaften», petites winstubs annoncées par un bouquet (Strauß) pendu à leur porte, de même que les «Gutsschänken», sont typiques du Rheingau. La famille de viticulteurs ayant décidé d'ouvrir une «Straußenwirtschaft», partage pendant plusieurs mois de l'année sa vie privée avec les hôtes de passage qui, toutefois, deviennent vite des amis. On y déguste une demi-«chopine», tout en se calant l'estomac avec une spécialité du Rheingau: le «Handkäs mit Musik», (petit fromage au cumin arrosé d'une marinade à base d'huile, de vinaigre et d'oignons), ou une assiette campagnarde composée de saucissons maison.

De Wicker, quartier de Flörsheim, à proximité immédiate de Rüsselsheim – ville industrielle généralement connue pour les Usines automobiles Opel – partent nombre d'itinéraires et chemins de randonnée. A pied, on pourra, par exemple, emprunter le «Sentier du Riesling du Rheingau» pour aller jusqu'à Lorch, à douze kilomètres de là. De robustes chaussures de marche ainsi qu'une carte de grande randonnée devraient toutefois ne pas manquer dans l'équipement de base, afin de pouvoir jouir des magnifiques points de vue que l'on y a sur la vallée du Rhin. Parlant de Hochheim sur le Main, Johann Kaspar Riesbeck, donnait libre cours à son enthousiasme «Jamais je n'ai vu bourgade plus belle et plus riche. Elle appartient au chapitre de la cathédrale de Mayence et le doyen de ce chapitre jouit des revenus de celui-ci. Quand l'année est bonne, il en retire pour 12 000 à 15 000 florins. Ce vin compte donc parmi les plus chers du monde. Nous étions fort désireux de goûter ce vin si rare et dûmes payer un thaler la bouteille verte ordinaire. Ce fut le premier vin allemand que je trouvais sans verdeur aucune. Il ne laissait sur la langue rien d'autre que son arôme.»

Lorsque, le 19 septembre 1945, le général Eisenhower annonça la création du Land «Grande Hesse», en vertu de la proclamation numéro 2, c'est Wiesbaden qui en devint la capitale. En effet, la ville avait relativement peu souffert des bombardements des forces alliées, à l'encontre de Kassel, Francfort et Darmstadt. En 1837, Heinrich Laube écrivait, de façon pertinente, à propos du Wiesbaden de l'époque, alors résidence des ducs de Nassau: «Au pied de ce massif montagneux, s'étend, dans une vallée mamelonnée, la vaste et riche ville de Wiesbaden, avec ses maisons de campagne aux façades accueillantes, offrant le spectacle d'un pays méridional bien nourri et opulent. Tout ici s'étend avec nonchalance et respire l'aisance, formant une véritable et grande ville d'eaux, où l'on vient passer une saison afin de remédier aux fatigues de l'hiver, prendre son petit déjeuner en plein air, respirer l'air de l'été la bouche grande ouverte, ou oser une danse avec des êtres étrangers dans le splendide casino». A l'écart de la vie mondaine, Wiesbaden possède nombre de beaux sites discrets et bien dissimulés qui n'attendent que d'être découverts, des parcs soigneusement entretenus, par exemple, ou des villas cossues, dotées de vérandas vitrées et agrémentées d'ornements en fer forgé. L'Eglise orthodoxe russe, surmontée des tours élancées et dorées de sa coupole ne manquera pas d'attirer le visiteur sur le Neroberg d'où il pourra admirer le panorama qu'offre cette ville homogène

Als Zeugen der seit über 800 Jahren im Kloster Eberbach gepflegten Weinkultur sind hier historische Keltern aufgestellt. Die älteste stammt aus dem Jahr 1668.

These historic wine-presses, the oldest dating back to 1668, are testimony to more than 800 years of viniculture at Eberbach monastery.

Témoins de la culture du vin pratiquée depuis plus de 800 ans à l'abbaye d'Eberbach: ces anciens pressoirs dont le plus vieux date de 1668.

weitab der hektischen Zivilisation und vor den rauen Nordwinden durch die Hänge des Taunus geschützt das Kloster Eberbach. Die Anlage präsentiert sich als eines der eindrucksvollsten und am besten erhaltenen Klöster Deutschlands. Heute ist das Kloster hessische Staatsweinkellerei und Schauplatz großer Weinversteigerungen, viel besuchter Weinseminare und klassischer Konzerte. Auf einer Wanderung durch Weinberge, Wald und Wiesen leicht zu erreichen, liegt in unmittelbarer Nachbarschaft der mittelalterliche Rheingauer Weinort Kiedrich. Das tausendjährige Weindorf gilt als Schatzkästlein der Gotik und kulturhistorisches Kleinod. Inmitten eines lieblichen Straßenbildes erhebt sich die Pfarrkirche, in der die älteste spielbare Orgel Hessens regelmäßig bei Konzerten erklingt.

Das Niederwald-Denkmal wurde als Sinnbild für die Herstellung der deutschen Einheit nach den Kriegsjahren 1870/71 östlich von Assmannshausen errichtet.

The Niederwald monument east of Assmannshausen was erected as a symbol of German unity after the war of 1870/71.

Le monument du Niederwald, symbole du rétablissement de l'unité allemande, fut érigé après les années de guerre 1870/71 à l'est de Assmannshausen.

Die Geschichte des Weinbaus in den Weinbergen am Elsterbach geht bis auf Karl den Großen zurück. Mainzer Benediktiner errichteten um 1100 hier das erste Kloster im Rheingau. Die romanische Pfeilerbasilika wurde 1130 St. Johannes dem Täufer geweiht, was Berg, Ort und Kloster den Namen „Johannisberg" gab. Nachdem 1563 das Kloster aufgelöst worden war, erneuerten die Fürstäbte von Fulda mit großem Eifer die vernachlässigten Weinberge. Ein Zufall führte im Jahr 1775 zu entscheidenden Erkenntnissen bezüglich der Qualitätssteigerung beim Wein: Als der Kurier verspätet mit der Leseerlaubnis der Fuldaer Fürstäbte zurückkehrte, waren die überreifen Trauben bereits geschrumpft und in Fäulnis übergegangen. Zunächst aufs Äußerste verzweifelt, wurde die Verwaltung mit der ersten unfreiwilligen Spätlese und der Edelfäule bekannt gemacht. Spätere Auslesen, Beeren- und Trockenbeerenauslesen begründeten den Weltruhm des Rheingauer Rieslings. Ein Ausflug zum nahe gelegenen Schloss Vollrads (um 1320) führt zu einer der seltenen Wasserburgen im Rheingau. Im Kavaliershaus werden alte Gartechniken und fast vergessene Zubereitungsarten angewendet, um dem Gast die regionale Produktvielfalt der bodenständigen Küche näherzubringen.
Im Zeichen des Weinbaus steht auch die Stadt Rüdesheim. Wer sich von den Besucherströmen nicht abschrecken lässt und sich abseits der feucht-fröhlichen Drosselgasse bewegt, trifft auf viele stille Winkel und historische Bauten, unter anderem die Brömserburg mit dem Rheingau-Weinmuseum und die Burgruine Ehrenfels. Ein Muss ist die Besichtigung des Niederwald-Denkmals mit der 10,5 Meter hohen Germania-Figur. Am besten erreicht man das pathetische Nationaldenkmal der deutschen Einheit von 1871 von Assmannshausen, der „Heimat des besten deutschen Rotweins", oder von Rüdesheim mit einer Seilbahn.

reason for climbing the Neroberg. Another is the view of a unified townscape from the small round temple at the top, reached via a mountain railway built in 1888. The Kaiser Wilhelm Baths, dating from the late Art Nouveau period, offers refreshment and the pleasures of bathing in an Oriental ambience.
Picturesque wine villages, former monasteries – foremost among them Eberbach and Johannisberg – and churches and manor-houses built mainly in the eras of Gothic and Baroque, are all integral features of the delightful Rheingau landscape. Wayside chapels, shrines and crosses provide testimony to age-old customs. From 1135 onwards, during the rule of St Bernard of Clairvaux, the Cistercian order began building the monastery of Eberbach far away from the hue and cry of civilisation, in a spot sheltered from biting north winds by the slopes of the Taunus. The monastery complex is one of the most impressive and best preserved in Germany. It now houses the Hesse state wine-cellars and serves as a venue for major wine auctions, well-attended wine seminars and concerts of classical music. In the immediate vicinity, easily reached on foot through vineyards, woods and meadows, is the mediaeval Rheingau wine-growing village of Kiedrich, regarded as a showpiece of Gothic architecture and an art-historical pearl. Enjoying pride of place amidst its charming streetscape is the parish church, which boasts the oldest playable organ in Hesse, still regularly used for concerts.
The history of wine-growing in the vineyards along the Elsterbach goes back to Charlemagne. In around 1100 Benedictine monks from Mainz built the Rheingau's first monastery here. In 1130 the Romanesque columned basilica was dedicated to St John the Baptist, which gave the hill on which it is situated, the village and the monastery the name Johannisberg, or "St John's Mountain." After the dissolution of the monastery in 1563, the prince abbots of Fulda put a great deal of energy into renewing the neglected vineyards. An incident in 1775 led to a chance discovery about how to improve the quality of wine. A courier returned late with the required licence from the prince bishop of Fulda for the grapes to be harvested, only to find them already withered and rotting on the vine. After their initial desperation, the vineyard management became acquainted involuntarily with the first Spätlese, or late vintage, and noble rot. Fine wines made from late vintages and specially selected grapes made Rheingau Riesling world-

famous. A trip to nearby Schloss Vollrads (built in about 1320) takes you to one of the Rheingau's rare palaces surrounded by water. The Kavaliershaus or Cavalier's House is now a restaurant which uses traditional methods of cooking and nearly forgotten styles of preparation to give guests a better idea of the variety of regional products in the native cuisine.
The town of Rüdesheim is also dominated by wine-growing. Those who are not put off by the hordes of visitors and venture away from Drosselgasse with its numerous hostelries will be rewarded by many quiet corners and historic buildings, among them the Brömserburg which houses the Rheingau Wine Museum, and the ruined castle of Ehrenfels. A sight not to be missed is the Niederwald Monument with its 10.5-metre tall statue of Germania, an emotive commemoration of German unity in 1871. It is best reached from Assmannshausen, the "home of the best German red wine," or by cable-car from Rüdesheim.

Ein Besuch der Drosselgasse in Rüdesheim darf bei keiner Reise an den Rhein fehlen, gilt sie doch in aller Welt als Zentrum feucht-fröhlicher Rheinromantik.

No journey to the Rhine should be without a visit to Drosselgasse in Rüdesheim, known all over the world as a symbol of the convivial, romantic Rhine.

Une visite de la Drosselgasse, à Rüdesheim, ne devra manquer dans aucun programme de voyage sur le Rhin. Cette fameuse «Ruelle aux Grives» connue dans le monde entier, passe en effet pour être le centre du «romantisme rhénan» copieusement arrosé du vin de cette région.

d'aspect, après y être monté par le funiculaire construit en 1888. Le Kaiser-Wilhelm-Bad, de style Art Nouveau, propose rafraîchissement et joies du bain dans une atmosphère toute orientale.
Les pittoresques villages viticoles, les anciennes abbayes, tout particulièrement les monastères d'Eberbach et de Johannisberg, de même que les églises et les anciennes gentilhommières, issues en majeure partie du gothique et du baroque, contribuent à faire du Rheingau une contrée des plus riantes. Les petites chapelles en bordure des chemins, les calvaires et les croix parant les vignobles sont autant de témoins de coutumes ancestrales. A partir de l'année 1135, du vivant donc de St Bernard, les moines cisterciens construisirent, loin de toute civilisation, le monastère d'Eberbach, bien protégé des âpres vents du nord par les versants du Taunus. Cet ensemble de bâtiments constitue l'un des monastères les plus imposants et les mieux préservés d'Allemagne. De nos jours, il abrite les chais de l'Etat hessois et sert de cadre aux ventes de vins aux enchères. Il constitue également un lieu de séminaires vinicoles très prisé, mais aussi de concerts de musique classique. Parti en excursion à travers vignobles, forêts et prairies, le promeneur parviendra aisément à Kiedrich, petite cité médiévale se consacrant à la viticulture et située dans le proche voisinage d'Eberbach. Ce village viticole millénaire est un écrin de l'art gothique et un véritable joyau en matière d'histoire de la civilisation. L'église paroissiale se dresse dans le cadre ravissant des rues du village, église où, pendant les concerts qu'on y donne, résonne régulièrement la plus ancienne orgue encore en fonction en Hesse.
La culture de la vigne, telle qu'elle est pratiquée dans les vignobles bordant l'Elsterbach remonte au temps de Charlemagne. C'est vers 1100 que des moines bénédictins, venus de Mayence, y érigèrent le premier monastère du Rheingau. La basilique à pilastres, de style roman, fut vouée à St Jean Baptiste en l'an 1130, ce qui valut à la colline, à la localité ainsi qu'au monastère le nom de «Johannisberg», le Mont St Jean. Le monastère ayant été dissout en 1563, les princes-abbés de Fulda se consacrèrent alors avec zèle à l'amendement des vignobles si longtemps négligés. Le hasard voulut que, en 1775, de nouvelles et importantes découvertes furent faites dans le domaine de la bonification du vin: lorsque le coursier, qui s'était attardé en chemin, revint avec l'autorisation des princes-abbés de Fulda de procéder aux vendanges, les raisins plus que mûrs s'étaient déjà ratatinés et avaient commencé de pourrir. En désespoir de cause, les autorités administratives se virent obligées de faire, bien involontairement, des vendanges tardives, les «Spätlese», et de cueillir pour la première fois des raisins parvenus au stade de noble pourriture. «Spätere Auslesen, Beeren-und Trockenbeerenauslesen», ainsi désigne-t-on ces vins doux de qualité, voire même liquoreux, qui fondèrent la renommée internationale du Riesling du Rheingau. Le château de Vollrads (construit vers 1320), situé à proximité, est l'un des rares édifices entourés douves du Rheingau. Dans la Kavaliershaus (Maison des Cavaliers), on fait revivre de vieilles méthodes artisanales de cuisson et de préparation de mets tombées dans l'oubli, pour faire apprécier à l'hôte de passage l'abondance des produits de cette région et la cuisine du terroir.
La ville de Rüdesheim est, elle aussi, placée sous le signe de la viticulture. Qui ne se laissera pas décourager par le flot de touristes et fera en sorte de se tenir à l'écart de la Drosselgasse où règne une jovialité animée par l'alcool, pourra y découvrir de nombreux coins tranquilles ainsi que des bâtiments historiques, tels le Brömserburg qui héberge le Musée du Vin du Rheingau et les ruines du château médiéval d'Ehrenfels. La visite du monument du Niederwald, cette statue colossale (10,5 m) de la Germania, est bien évidemment incontournable. C'est en passant par Assmannshausen, la patrie du meilleur vin rouge d'Allemagne ou en venant de Rüdesheim par le téléphérique que l'on accédera le plus aisément à ce pathétique monument national symbolisant l'unité allemande de 1871.

Bei Rüdesheim liegt inmitten von Weinbergen die Burgruine Ehrenfels. Zu ihr gehört auch der auf einer Rheininsel als Zollstation errichtete Mäuseturm.

The ruined castle of Ehrenfels stands amidst vineyards not far from Rüdesheim. The Mäuseturm (Mouse Tower), built as a customs house on an island in the Rhine, is also part of the castle.

La ruine du château d'Ehrenfels se dresse au beau milieu de vignobles, près de Rüdesheim. En fait également partie la Tour aux Souris, élevée sur une île rocheuse du Rhin pour servir de poste de douane.

Inmitten prächtiger Weinberge liegt das von einem mittelalterlichen und barocken Stadtbild geprägte Hochheim, dessen Pfarrkirche nachts durch prachtvolle Illumination weithin sichtbar ist. Parallel zum Main führt ein gut ausgebauter Wanderweg, ein Abschnitt des Rheingauer Riesling-Pfades, durch die hiesigen Weinberge.

Hochheim, distinguished by its mediaeval and Baroque townscape, lies in the midst of magnificent wine-growing country. At night its splendidly illuminated parish church can be seen from afar. A well-established footpath, a section of the Rheingau Riesling Path, runs parallel to the Rhine through the vineyards here.

Hochheim, ville de caractère médiéval et baroque, est située en plein cœur de magnifiques vignobles. Son église paroissiale, magnifiquement illuminée la nuit, est visible loin à la ronde. Parallèlement au Main court un chemin de promenade bien stabilisé, qui est un tronçon du Sentier du Riesling du Rheingau mènant à travers les vignobles de la région.

Das Kloster Eberbach wurde unter mehr als 300 europäischen Klöstern zum Schauplatz für die Dreharbeiten des Films „Der Name der Rose" auserkoren. Bemerkenswert sind der quadratisch gewölbte Kreuzgang mit seiner Brunnenkapelle, die zahlreichen Grabdenkmäler und das Laienrefektorium mit zwölf historischen Weinpressen.

Kloster Eberbach was chosen from more than 300 European monasteries as a location for the film The Name of the Rose. Its remarkable features include the rectangular vaulted cloister with its fountain chapel, numerous monumental gravestones and the lay refectory with its twelve historic winepresses.

L'abbaye d'Eberbach fut sélectionnée parmi plus de 300 monastères européens pour servir de décors au tournage du film «Le Nom de la Rose». On notera tout particulièrement le cloître voûté, de forme carrée, avec la Brunnenkapelle (chapelle de la fontaine), les nombreux monuments funéraires ainsi que le Réfectoire des Laïcs, doté de douze anciens pressoirs à vin.

AQUIS MATT
CASINO
KURHAUS

Die alte nassauische Residenzstadt Wiesbaden wurde 1945 von den Amerikanern zur Hauptstadt des neuen Bundeslandes Hessen bestimmt – vor allem, weil die Stadt im Krieg sehr wenig zerstört worden war.
Noch heute überrascht das geschlossene Gründerzeitstadtbild mit architektonischen Höhepunkten wie dem Kurhaus, das auch ein berühmtes Spielkasino beherbergt.

In 1945 the Americans designated the town of Wiesbaden, the former seat of the princes of Nassau, as capital of the new federal state of Hesse, one of the main reasons being that the town had suffered very little destruction during the war. To this day the town retains a surprisingly intact Wilhelminian townscape with architectural highlights such as the Kurhaus (Bath House), which also houses a famous casino.

Wiesbaden, ancienne résidence de la maison de Nassau, fut, en 1945, choisie par les Américains comme capitale du nouveau Land de Hesse, pour la bonne raison que la ville n'avait été que peu touchée par la guerre. Sa physionomie homogène, caractérisée par le style des années qui suivirent la fondation de l'empire, surprend encore aujourd'hui par certains témoins particulièrment saisissants de cette architecture, telle la Kurhaus, qui abrite également un célèbre casino.

Darmstadt ist Kassel nicht unähnlich, nur etwas weniger übersichtlich. Ein paar alte sympathische Häuser, eine aus sehr verschiedenen Stücken bestehende alte Residenz und dann, zwischen dem Häuserdurchschnitt, Denkmäler und Denksteine für die Kolonisten", schrieb Rainer Maria Rilke 1905. Eine Besteigung des für die Stadtsilhouette so charakteristischen Hochzeitsturms (Fünffingerturm) verschafft bei einem Besuch auf der Mathildenhöhe einen ersten Überblick über die im Krieg zerstörte Stadt. Als einzigartiges Dokument der Jugendstilepoche entstand hier oben um die Jahrhundertwende, unterstützt durch die Förderung des Großherzogs Ernst Ludwig, die Darmstädter Künstlerkolonie mit ihren Ausstellungsgebäuden und Atelierbauten. In der Siedlung von Malern, Bildhauern, Architekten und Designern wurden Gegenstände des täglichen Gebrauchs, ganze Wohnensembles, aber auch Goldschmiedearbeiten entworfen, nicht zu vergessen natürlich auch eigenständige Kunstwerke.

Das älteste Baudenkmal steht jedoch im Zentrum der Stadt. Georg I. erweiterte das Darmstädter Schloss nach der Aufteilung Hessens durch Philipp den Großmütigen im 16. Jahrhundert nach französischem Vorbild zu einem Mittelpunkt des höfischen Lebens. Ein Glockenspiel läutet seit mehr als 300 Jahren mit seinen 35 Glocken die Viertelstunden ein. Das benachbarte Hessische Landesmuseum stellt umfangreiche Sammlungen zu Kunst, Kulturgeschichte und Natur aus. Gezeigt werden Werke der gesamten Kunstgeschichte, so zum Beispiel frühestes Kunsthandwerk, Skulpturen und mittelalterliche Altäre. Freunde der Moderne kommen im „Block Beuys" auf ihre Kosten. Eine Dauerausstellung widmet sich den einzigartigen Fossilienfunden aus der Grube Messel. Im „Porzellanschlösschen" des Prinz-Georg-Gartens lohnt sich die Besichtigung kostbarer Porzellane und Fayencen des 18. und 19. Jahrhunderts.

Südlich von Darmstadt steigt der Odenwald steil aus der Rheinebene auf, dessen westlicher Rand von alters her als Bergstraße bezeichnet wird. Ein beliebtes Ausflugsziel ist die „strata montana" insbesondere im Frühjahr, wenn das milde Klima die Bäume hier viel früher in bunter Pracht erblühen lässt als anderswo. Durch Obstgärten, Weinberge und zuletzt durch herrlichen Buchenwald führt der Weg von Zwingenberg hinauf auf den Melibokus, mit 517 Metern der ungekrönte König des Odenwalds. Der Blick vom Gipfel nach Westen auf die Rheinebene, die gegenüberliegende Haardt und den Pfälzer Wald wie auch der Blick nach Osten über die Kuppen und Wälder des Odenwalds sind von seltener Schönheit. Der innere Odenwald bildet den wesentlich größeren Teil des Mittelgebirges. Lang gestreckte Bergrücken, ausgedehnte Hochflächen und von Norden nach Süden ziehende Kerbtäler sind für diese Landschaft charakteristisch. Zu den Sehenswürdigkeiten zählen im Hessentagsstädtchen Erbach der große Schlossbau (1736) der Familie der Grafen zu Erbach-Erbach, der die gräflichen Sammlungen mit dem Afrikanischen Jagdmuseum beherbergt, sowie das 1966 eingerichtete Elfenbeinmuseum. Das 1484 erbaute Rathaus von Michelstadt ist einer der schönsten und ältesten Fachwerkbauten Deutschlands. Die Erlebnisse, die Christine Brückner gemeinsam mit ihrem Mann Otto Heinrich Kühner während eines Ausflugs durch den Odenwald hatte, lassen sich in ihrem 1979 erschienenen Roman „Erfahren und erwandert" gut nachvollziehen und regen zur Nachahmung an.

Einst Jagdrevier der Nibelungen, kann der sagenhafte Odenwald heute entlang von Ferienrouten erkundet werden. Der im linksrheinischen Worms beginnende 310 Kilometer lange Rundkurs der „Siegfried-" und der „Nibelungenstraße" führt unter anderem zu der „Dicken Eiche" in Airlenbach, in deren Schatten sich Siegfried von der anstrengenden Jagd nach einem gewaltigen Auerochsen erholt haben soll. Wie wir wissen, wurde dem tapferen Siegfried schließlich sein Vertrauen in die Treue seiner Kampfgefährten zum Verhängnis. Hagen tötete ihn hinterrücks, da Siegfried das Geheimnis seiner Verwundbarkeit an Krimhild verraten hatte. In der Nibelungenforschung wird die Quelle bei Gras-Ellenbach recht häufig als der Ort dieser hinterlistigen Ermordung erwähnt. Sie liegt am Fuße des „Spessartkopfs", der mit dem „Spehtsharte" in der mittelalterlichen Dichtung gleichgesetzt wird. Mitte des 19. Jahrhunderts entdeckt, ist sie seither zu einer der Wallfahrtsstätten der Nibelungen-Freunde geworden.

Josef Maria Olbrich erbaute auf der Mathildenhöhe in Darmstadt dieses Ateliergebäude im Jugendstil.

This Art Nouveau studio building on Darmstadt's Mathildenhöhe was built by Joseph Maria Olbrich.

Joseph Maria Olbrich construisit cet atelier dans le style de l'Art Nouveau sur la Mathildenhöhe, à Darmstadt.

Darmstadt is not unlike Kassel, just a little less easy to get a general view of. A few nice old houses, an old palace made up of very different elements and, where the rows of houses intersect, monuments and memorials to the colonists," wrote Rainer Maria Rilke in 1905. A good way to get your first overview of the city, which was destroyed in World War II, is to visit the Mathildenhöhe and climb the landmark Hochzeitsturm or Fünffingerturm (Wedding Tower or Five-Finger Tower). It was up here that, at the turn of the century, a unique document of the Art Nouveau epoch came into being, thanks to financial support from Grand Duke Ernst Ludwig. This was the Darmstadt artists' colony with its exhibition rooms and studios. The objects designed in this settlement of painters, sculptors, architects and designers ranged from items of daily use to complete residential interiors, not forgetting goldsmiths' pieces and original works of art.

However, the oldest architectural monument of all stands in the city centre. After the division of Hesse by Philipp the Magnanimous in the sixteenth century, Georg I extended the palace in the French style to become the focus of courtly life. For more than 300 years, a 35-bell carillon has rung every quarter of an hour. The nearby Hessisches Landesmuseum (Hesse State Museum) holds extensive art, cultural and natural history collections. On show are works from all periods in the history of art, including early crafts, sculpture and mediaeval altars. Lovers of modern art are catered for in the "Block Beuys." A permanent exhibition is dedicated to the unique fossil finds from the Messel slate pit. The display of precious eighteenth and nineteenth century porcelain and faïence in the "Little Porcelain Palace" in the Prinz-Georg-Garten is well worth a visit.

To the south of Darmstadt, the Odenwald climbs steeply out of the Rhine plain, the western rim of which has been known since olden times as the Bergstrasse (Mountain Road). It is a popular place for outings, especially in spring, when, thanks to the mild climate, the trees bloom earlier than elsewhere in all their colourful glory. Passing through orchards, vineyards and finally through splendid beech forest, the route leads from Zwingenberg up to the 517-metre Melibokus, the uncrowned king of the Odenwald. The view from the summit across the Rhine plain to the west to the Haardt and the Palatine forest on the other side of the river, and across the hilltops and forests of the Odenwald to the east, is exceptionally beautiful. The inner Odenwald forms by far the greater part of the Mittelgebirge mountain range. Characteristic of the scenery are elongated mountain ridges, extensive plateaus and valleys which have carved their way from north to south. Places of interest include the large family palace of the counts of

Erbach-Erbach in the small Hesse Conference town of Erbach, which was built in 1736. In addition to the family collection, it houses the African Hunting Museum and an Ivory Museum opened in 1966. Michelstadt town hall, which dates back to 1484, is one of Germany's finest and oldest half-timbered buildings. The experiences which Christine Brückner and her husband Otto Heinrich Kühner had during a trip to the Odenwald, as related in her 1979 novel "Erfahren und erwandert," can easily be followed and call for emulation. A number of holiday routes enable visitors to explore the fabulous Odenwald, once the hunting-ground of the legendary Nibelungen, made famous beyond Germany by Richard Wagner's "Ring" opera cycle. The 310-kilometre-long Siegfried and Nibelungen Road, for example, starts in Worms on the left bank of the Rhine and leads among other places to the Dicke Eiche (Stout Oak) in whose shade Siegfried is said to have rested after a strenuous hunt for a mighty aurochs. As we know, brave Siegfried's faith in his comrades-in-arms' loyalty ultimately leads to his death. Hagen stabs and kills him for revealing to Krimhild the secret of his vulnerability. In research into the Nibelungen, a spring near Gras-Ellenbach is frequently identified as the scene of this treacherous murder. It is situated at the foot of the Spessartkopf hill, which is equated with the "Spehtsharte" of mediaeval poetry. Since being discovered in the mid-nineteenth century, the spring has become a place of pilgrimage for Nibelungen enthusiasts.

Lindenfels ist romantisch in die Odenwaldlandschaft eingebettet. Von hier aus lassen sich auf der Ferienroute „Nibelungenstraße" die Spuren der germanischen Helden verfolgen.

Lindenfels nestles romantically in the countryside of the Odenwald. From here, you can follow the tracks of the Germanic heroes along the Nibelungenstrasse holiday route.

Lindenfels est situé dans un romantique écrin de verdure de l'Odenwald. On pourra marcher, d'ici, sur les traces des héros germaniques en suivant la route de vacances „Nibelungenstraße».

Darmstadt n'est pas sans ressembler à Kassel, mais en moins schématique. Quelques vieilles maisons sympathiques, une ancienne résidence faite d'éléments très hétéroclites et, entre les maisons ordinaires, des monuments et stèles commémoratives pour les colons» écrivait Rainer Maria Rilke, en 1905. Une visite de la Mathildenhöhe permettra de monter à la «Hochzeitsturm» (la Tour des Mariés terminée par cinq créneaux symbolisant les doigts de la main) si caractéristique de la silhouette de Darmstadt, et d'avoir un premier aperçu de cette ville détruite pendant la guerre. La colonie d'artistes de Darmstadt qui vint s'y installer et qui jouissait du soutien du grand-duc Ernst Ludwig, y avait ses salles d'exposition et ses ateliers, tous documents exceptionnels de l'Art Nouveau. Les peintres, sculpteurs, architectes et stylistes créèrent alors des objets d'usage courant mais aussi des ensembles entiers de logements de même que des pièces d'orfèvrerie, sans oublier, bien sûr les œuvres individuelles des artistes.
C'est au cœur même de la ville que se dresse toutefois le plus ancien bâtiment. Georg Ier fit agrandir le château de Darmstadt après que la Hesse eut été divisée, au XVIe siècle, par Philippe le Magnanime, s'inspirant, pour ce faire, des châteaux français. Il devint par la suite un centre de la vie courtoise. Depuis plus de trois cents ans, un carillon constitué de 35 cloches sonne tous les quarts d'heure. Le Hessisches Landesmuseum (Musée régional de la Hesse), son voisin, renferme d'importantes collections du domaine de l'art, de l'histoire de la civilisation et de la nature. On y verra des œuvres issues de toutes les périodes de l'histoire de l'art, ainsi par exemple des objets artisanaux préhistoriques, des sculptures mais aussi des autels remontant au Moyen Age. Les amateurs d'art moderne se délecteront en visitant le «Block Beuys». Une exposition permanente est consacrée à des fossiles de nature exceptionnelle, découverts au cours de fouilles dans la mine de Messel. Au «petit Château de la Porcelaine», dans le Jardin Prinz Georg, on ne manquera pas non plus d'admirer les précieux objets de porcelaine et de faïence datant des XVIIIe et XIXe siècles.
Au sud de Darmstadt, l'Odenwald monte abruptement de la Plaine du Rhin. Sa bordure ouest est depuis toujours désignée du nom de «Bergstraße». Au printemps, la «strata montana» est d'un attrait particulier, lorsque la douceur du climat y fait éclore bien plus tôt qu'ailleurs, les bourgeons des arbres qui déploient alors toute leur splendeur multicolore. Menant à travers les vergers, les vignobles et les magnifiques forêts de hêtres, le chemin grimpe de Zwingenberg vers le «Melibokus» qui, avec ses 517 mètres, est le roi sans couronne de l'Odenwald. La vue que l'on découvre des sommets, qui embrasse, à l'ouest, la Plaine du Rhin, les monts de la Haardt lui faisant face, la Forêt du Palatinat, de même que, à l'est, les sommets arrondis et les forêts de l'Odenwald, est d'une rare beauté. L'intérieur de l'Odenwald constitue la partie de loin la plus étendue des montagnes moyennes. Le paysage de cette région est caractérisé par des croupes allongées, de vastes hauts plateaux ainsi que par des vallées encaissées s'étirant du nord au sud. Parmi les curiosités, on notera le grandiose Schlossbau (1736) de la petite ville hessoise d'Erbach, où a lieu la «Journée de la Hesse». Il appartient à la famille des comtes d'Erbach-Erbach et renferme les Collections Comtales et le Musée africain de la Chasse, ainsi que le Musée de l'Ivoire, aménagé en 1966. L'hôtel de ville de Michelstadt, construit en 1484, est l'un des plus beaux et des plus anciens bâtiments à colombages d'Allemagne. Ce que Christine Brückner et son mari Otto Heinrich Kühner vécurent pendant leur randonnée à travers l'Odenwald, et qu'ils décrivirent dans leur roman «Erfahren und erwandert», paru en 1979, ne peut qu'inciter le lecteur à partir sur leurs traces.
Jadis terrain de chasse des Nibelungen, l'Odenwald, terre de légendes, peut aujourd'hui être exploré en longeant les routes de vacances. Le circuit des routes «Siegfriedstraße» et «Nibelungenstraße» qui commence à Worms, sur la rive gauche du Rhin, et s'étend sur 310 kilomètres mène, entre autres, à Airlenbach, au «Dicke Eiche», ce «Gros Chêne» à l'ombre duquel se serait reposé Siegfried après une chasse épuisante qui l'opposa à un énorme aurochs. Comme nous le savons, la confiance de Siegfried en la fidélité de ses compagnons de lutte finit par lui être fatale. Hagen l'assassina par derrière, étant donné que Siegfried avait dévoilé à Krimhild le secret de sa vulnérabilité. Dans la littérature consacrée aux Nibelungen, la source jaillissant près de Gras-Ellenbach est souvent mentionnée comme étant le lieu de ce meurtre perfide. Elle se trouve au pied du «Spessartkopf» qui passe pour être identique au «Spehtsharte» de cette saga du Moyen Age. Découverte au milieu du XIXe siècle, elle constitue depuis lors l'un des lieux de pélerinage des amis des Nibelungen.

Heppenheim lädt zum Schlendern über den historischen Marktplatz ein.

Heppenheim invites you to take a stroll across the historic market square.

Heppenheim invite à la flânerie sur la Place du Marché entourée de bâtiments d'époque.

Nikolaus II., der letzte russische Zar, ließ diese russisch-orthodoxe Kapelle 1899 zu Ehren seiner Gattin Alexandra, einer Prinzessin aus dem Hause Hessen-Darmstadt, auf der Mathildenhöhe in Darmstadt bauen. Die drei kupfernen Kuppeln des Gotteshauses sind mit echtem Gold überzogen, der Marmor stammt aus dem Kaukasus, und selbst das Erdreich wurde aus der Heimat des Zaren herangeschafft, damit die Kapelle auf russischem Boden stand.

Nicholas II, the last tsar of Russia, had this Russian Orthodox chapel on Darmstadt's Mathildenhöhe built in 1899 in honour of his wife Alexandra, a princess of the house of Hesse-Darmstadt. The chapel's three copper domes are clad in real gold, the marble comes from the Caucasus and even the earth it stands on was brought from the tsar's homeland, so that the chapel would stand on genuine Russian soil.

C'est en 1899 que Nicolas II, dernier tsar russe, fit construire, à Darmstadt, sur la Mathildenhöhe, cette chapelle orthodoxe russe. Il la dédia à son épouse Alexandra, princesse de la maison de Hesse-Darmstadt. Les trois coupoles de cuivre de l'église sont recouvertes d'or véritable, le marbre provient du Caucase et même la terre fut amenée de la patrie du tsar afin que cette chapelle repose sur un sol véritablement russe.

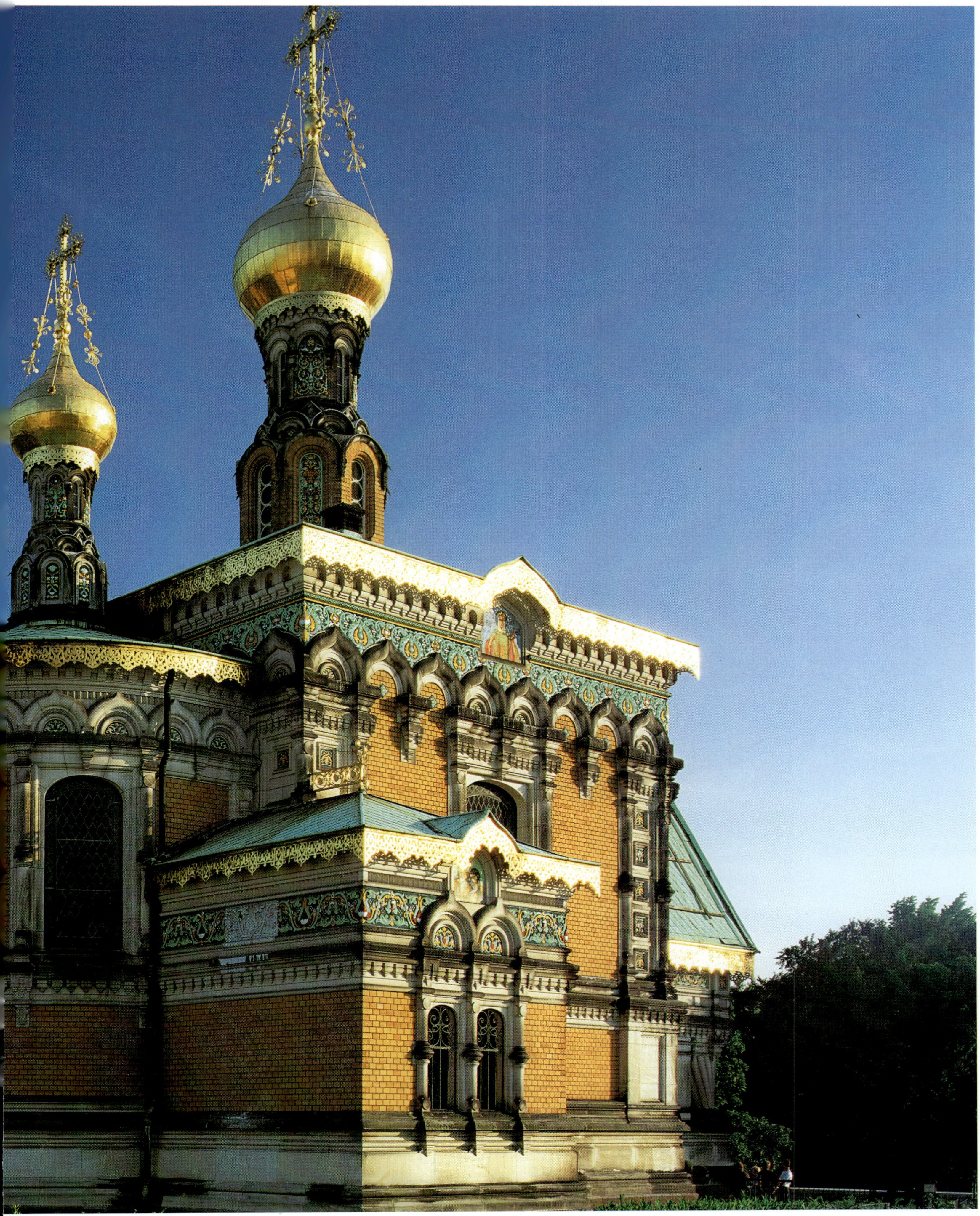

Von gegenüberliegenden Berghängen des Odenwalds aus sollen sich zwei urwüchsige Riesen der Legende nach bekriegt haben, indem sie sich gegenseitig mit gewaltigen Felsblöcken bewarfen. Der Unterlegene wurde schließlich unter der Masse der gegnerischen Steine begraben und soll seitdem bewegungsunfähig unter dem Felsenmeer liegen.

Legend has it that two primeval giants waged war from opposite hillsides of the Odenwald by hurling enormous rocks at each other. The loser finally succumbed to the brunt of his opponent's missiles, since when he has lain buried and unable to move beneath this sea of rocks.

La légende veut que deux géants logeant sur des versants opposés des collines de l'Odenwald, se seraient combattus en se jetant mutuellement d'énormes rochers. Le perdant fut finalement écrasé par la masse de pierres de l'adversaire et serait resté, depuis, prisonnier de cette mer de rochers.

Den Mittelpunkt auf dem Marktplatz von Michelstadt bildet das im 15. Jahrhundert erbaute Rathaus. Es zählt zu den schönsten und ältesten Fachwerkbauten Deutschlands. Die beiden Geschosse der Giebelwand ruhen auf einer offenen Ständerhalle. Das steile Walmdach wird von zwei Spitztürmen eingeschlossen. Die Stadtkirche mit ihrem mächtigen Turm im gotischen Stil wurde in den Jahren 1461 bis 1537 hinter dem Rathaus errichtet.

Centrepiece of Michelstadt's market square is the fifteenth-century town hall, one of Germany's finest and oldest half-timbered buildings. The two-storeyed gable rests on an open pillared hall, while the steep hipped roof is enclosed by two pointed towers. The town church with its mighty Gothic-style tower was built behind the town hall between 1461 and 1537.

Le centre de la Place du Marché de Michelstadt est occupé par l'hôtel de ville, construit au XVe siècle. Il compte parmi les plus beaux et les plus anciens édifices à colombages d'Allemagne. Les deux étages de la façade reposent sur une halle ouverte à piliers de bois. Le toit en croupe est flanqué de deux oriels se terminant en pointe. L'église de la ville, surmontée d'un puissant clocher de style gothique, fut construite de 1461 à 1537, derrière l'hôtel de ville.

Äppelwoi: Äppelwoi is net nur e Getränk, Äppelwoi is aach e Himmelsgeschenk. Frisch im Herbst gekelterten Apfelsaft nennt man „Süßer“, durch Gärung wird er dann zum „Rauscher“ und in der nächsten Reifephase als „Heller“ bezeichnet, bis er schließlich zum „Alten“ erhoben wird. Das Nationalgetränk der Hessen wird aus dem Bembel, einem Steinkrug, ausgeschenkt und aus gerippten Gläsern getrunken. Wirkliche Kenner heißen zumindest in Frankfurt und Umgebung Apfelweingeschworene, Schoppepetzer und -stecher, Gorjelschwenker und Schnutedunker und nennen den Wein liebevoll „Stöffche“. Auch wird der „Götterdroppe“ nicht getrunken, sondern „en Schoppe geblose“.

Battenberger: Jener Zweig des Battenberger Grafengeschlechts, der sich vor langer Zeit in England angesiedelt hatte, anglisierte während des Ersten Weltkriegs seinen ursprünglichen Namen in „Mountbatten“. Berühmtester Spross der Familie ist Prinz Philip, der Ehemann der britischen Königin Elizabeth II., und so fließt auch in den Adern der Nachkömmlinge von Lady Di und Prince Charles noch immer hessisches Blut.

Chatten: Als „Urväter“ der heutigen Hessen gelten die germanischen Chatten, die vor der Zeitwende zwischen Fulda und Lahn siedelten.

Donar-Eiche: Der Benediktinermönch Bonifatius fällte dieses mächtige, zentrale Heiligtum der Urbevölkerung Hessens. Ohne dass eine Gottheit der Germanen Vergeltung verübte, soll aus dem Eichenholz des Götzenbildes im Jahr 724 in Fritzlar eine Kirche errichtet worden sein, deren Reste 1916 bei Ausgrabungen im St.-Peters-Dom entdeckt wurden.

Elaphe longissima: Die Äskulapnatter, Vorbild für den Äskulapstab, Symbol der Ärzte und der Heilkunst, schlängelt sich noch heute durch die Weinhänge des Rheingaus. Hier hat sie ihr nördlichstes Verbreitungsgebiet. Die ungiftige, braun-graue, auf der Unterseite gelbliche und bis zu zwei Meter lange Kletterschlange gehört eigentlich zur Mittelmeerfauna. Sie wurde der Überlieferung nach von den Römern höchstpersönlich über die Alpen gebracht, um die Thermalbäder von Mäusen und anderem unliebsamen Getier freizuhalten.

Fachwerk: In zahlreichen hessischen Dörfern und Städten sind noch unterschiedliche Fachwerkstile anzutreffen. Gotische Fachwerkbauten finden sich ebenso wie Weserrenaissance-Gebäude. Im Jahr 1990 wurde die erste Teilstrecke der Deutschen Fachwerkstraße von Hann. Münden bis Alsfeld eröffnet, um auf die traditionelle, ökologisch bedeutsame und ästhetische Bauweise aufmerksam zu machen und einen denkmalgerechten Tourismus zu fördern. Weitere Regionalstrecken der Deutschen Fachwerkstraße auf hessischem Boden führen von Rotenburg bis Grünberg sowie von Marburg bis nach Hochheim am Main.

Freilichtmuseum: Im 1974 in der Nähe von Neu-Anspach eingerichteten Hessenpark sind zahlreiche, zum Teil historische ländliche Wohn- und Wirtschaftshäuser, Kirchen, Schulen und Werkstätten aus hessischen Dörfern und Kleinstädten aufgebaut. Hier können Sie dem Schmied bei der Arbeit zusehen oder sich das Weber- und Bäckerhandwerk erklären lassen. Anfahrt: A 661 bis Oberursel; B 456 Abfahrt Neu-Anspach.

Gebabbel: Uneinheitlich zeigt sich in Hessen auch die Sprachkultur. Außerhalb des Landes wird gelegentlich die Frankfurter Mundart als hessischer Dialekt verstanden, zum Entsetzen aller übrigen Hessen. Tatsächlich überschneiden sich mehrere Dialekträume, die sich deutlich voneinander unterscheiden.

Handkäs mit Musik: Die Hesse sind ganz versesse uffs Handkäsfresse! Am besten aus Langgöns in der Wetterau, muss er möglichst durchgereift sein („schee dorsch"), denn so schmeckt er besser und ist leichter verdaulich. Für die Musik, den guten oder schlechten Ton als Folge der Liebelei mit dieser Spezialität, sorgt die „Käsedibbe“ mit Pfeffer, Salz, Essig, Öl, Kümmel und vielen Zwiebeln.

Hessentag: Als Ministerpräsident Georg-August Zinn den Hessentag 1961 ins Leben rief, begründete er eine neue Tradition. Er wollte ein Fest veranstalten, das die Menschen zusammenführte, das Alteingesessene und Neubürger miteinander in Verbindung brachte, das eine Heimat für alle Bürgerinnen und Bürger Hessens schuf. Bis heute ist die Brauchtumspflege ein wichtiges Element des Hessentags. Doch inzwischen ist der jährlich in einer anderen Stadt stattfindende Hessentag auch ein Fest, das Platz bietet für viele andere Sparten der Kultur. Die Verknüpfung von Tradition und Moderne macht die besondere Attraktivität der Hessentage aus, Jahr für Jahr kommen viele Hunderttausend Besucherinnen und Besucher.

Kultur: Kulturelles Leben in Hessen – das sind international beachtete Ereignisse wie die Frankfurter Buchmesse und die Kunstschau „documenta“ in Kassel. Neben der Pflege des Kulturerbes in Gestalt der Fossilienfundstätte Messel, die 1995 von der UNESCO in die Liste des Weltkulturerbes eingetragen worden ist, gibt es Festspiele wie in Bad Hersfeld, Wetzlar, Wiesbaden und im Rheingau.

Limes: Roms Grenze quer durch Hessen. Der 382 Kilometer lange Obergermanische Limes beginnt unterhalb Rheinbrohls und führt zum Taunus, umschließt die Wetterau und führt südwärts bis Lorch. Seine Anfänge gehen bis auf Domitian zurück, der hölzerne Beobachtungstürme, die miteinander in Sichtverbindung standen, errichten ließ. Außerdem wurden in der Wetterau, am Main und am mittleren Neckar Kastelle erbaut, von denen die Saalburg das einzige vollständig restaurierte Kastell im früheren Imperium Romanum darstellt. Seit 1907 kann die umfangreiche Sammlung zum römischen Militär- und Alltagsleben besichtigt werden.

Märchenstraße: Am Brüder-Grimm-Denkmal in Hanau – hier erblickten die Märchensammler 1785 und 1786 das Licht der Welt – beginnt der rund 600 Kilometer lange fabelhafte Reiseweg vom Main an die Weser. Im alten Amtshaus in Steinau an der Straße, in dem sie ihre Kindheit verbrachten, wurde eine Gedenkstätte eingerichtet. Das Kasseler Palais Bellevue beheimatet das Brüder-Grimm-Museum mit der bedeutendsten Auswahl von Briefen, Büchern, Manuskripten, Porträts, Landschafts- und Genrebildern aus dem Leben und Wirken der Brüder Grimm.

Naturparke: Vor mehr als fünf Jahrzehnten hat die hessische Landesregierung die Initiative zur Gründung von Naturparken ergriffen. Sie schuf damit die Voraussetzung, großräumige Landschaften von überregionaler Bedeutung zu erhalten und sie für die „sanfte“ Erholung der Bevölkerung zu erschließen. Besuchen kann man heute die Naturparke Bergstraße-Odenwald, Diemelsee, Habichtswald, Hessische Rhön, Hessischer Spessart, Hochtaunus, Hoher Vogelsberg, Meißner-Kaufunger Wald und Rhein-Taunus.

Osterfeuer: Die Ostermontagsfeuer sind in vielen hessischen Regionen überliefertes vorchristliches Brauchtum. In einigen Gemeinden im Waldeckschen sammeln die Jugendlichen auch heute noch wochenlang Holz aus den umliegenden Fichtenwäldern, um die Äste und Baumstämme an verschiedenen, höher gelegenen Stellen des Ortes aufzuschichten. Ständig muss Wache gehalten werden, denn immer wieder versuchen sie gegenseitig die meterhohen Holzstapel der anderen Dörfer noch vor dem Abend des zweiten Ostertages zu zerstören oder sogar anzuzünden.

Persönlichkeiten: Die Liste reicht von dem in den Wäldern von Fritzlar auf Mission gegangenen Bonifatius bis zu dem im Frankfurter Stadtteil Sachsenhausen geborenen Schwimmolympiasieger Michael Groß. Elisabeth von Thüringen, die „Heilige Mutter Hessens“, gehört dazu, der Maler Matthias Grünewald, die Malerin und Naturforscherin Maria Sibylla Merian, Frankfurts Dichterfürst Goethe, der Bankier Mayer Amsel Rothschild, Karl vom und zum Stein als Schöpfer der gemeindlichen Selbstverwaltung, das Brüderpaar Grimm, die Pianistin Clara Schumann, der Hersfelder Gymnasialdirektor Konrad Duden, Georg Büchner, SPD-Gründer August Bebel, Kirchenmänner wie Martin Niemöller, der Jurist Fritz Bauer, der Weltumsegler Georg Forster, der Anatom Samuel Thomas Sömmerring, der Komponist Paul Hindemith, der Chemie-Nobelpreisträger Otto Hahn, der Physiker Philipp Reis, die Frauenrechtlerin Elisabeth Selbert, der Maler Max Beckmann und auch die Nazi-Opfer Wilhelm Leuschner und Anne Frank. Die Reihe der Namen ließe sich beliebig fortsetzen.

Rheingauer Gebück: Im 11. Jahrhundert entstand eine der merkwürdigsten Verteidigungsanlagen. Diese 38 Kilometer lange Befestigung bestand aus ineinander geflochtenem Busch- und Baumwerk. Man schlug die Kronen von Buschbäumen in verschiedenen Höhen ab, sodass sie nach allen Seiten auswucherten. In die Lücken pflanzte man wieder Bäume und Stachelsträucher, ließ sie gleichfalls auswuchern und verflocht die Zweige miteinander. Auf diese Weise wuchs eine lebende Grenzbefestigung heran, die an manchen Stellen bis zu hundert Meter breit und selbst für Tiere nahezu undurchdringlich war. Einer der Hauptbegrenzungspfosten war Walluf: Hier am „Backofen“ lag ein Tor des Rheingauer Gebücks.

Straußenwirtschaft: ... die „Gud Stub“ der Winzer hat unregelmäßig geöffnet. Mit einem Strauß aus Reben oder Efeu am Hauseingang wird deshalb in den hessischen Weinbaugebieten angekündigt, wann der neue Wein probiert werden kann. In der auf höchstens 40 Plätze begrenzten guten Stube geht es bei lockerer Stimmung und kleinen, deftigen Speisen meist sehr rustikal zu.

Touristeninformation: Über Adressen, Veranstaltungen und Unterkünfte informieren: HA Hessen Agentur GmbH, Konradinerallee 9, 65189 Wiesbaden, Tel. 0611/9501780; Hessischer Heilbäderverband, Le Cannet-Rocheville-Straße 1, 61462 Königstein im Taunus, Tel. 06174/926565; BALUH-Bauernhof- und Landurlaub in Hessen, An der Hessenhalle 6, 36304 Alsfeld, Tel. 06631/71743. Weitere Adressen z. B. über www.hessen-tourismus.de oder www.landurlaub-hessen.de

Trachten: Hessen ist noch verhältnismäßig reich an Trachten. Ihre Blütezeit ist jedoch vorüber, sie schwinden. In einer Zeit, in der alles in Fabriken hergestellt wird, gilt der Satz nicht mehr: „Selbst gesponnen, selbst gemacht, ist die beste Bauerntracht." An Festtagen kann man sie jedoch noch bewundern. Die bunte Schwälmer Tracht, die schmucke Marburger Tracht, und im Kreis Biedenkopf die Hinterländer Tracht. Die Schlitzer Tracht ist der Schwälmer ähnlich. Einfach, aber doch geschmackvoll kleiden sich die Bewohner der Rhön. Und die Hüttenberger – zwischen Butzbach und Wetzlar – verwenden breite, bunt gestickte Bänder.

Wappen: Hessens Wappentier ist der Löwe. Sein Bild ist gesetzlich festgelegt: Das Landeswappen zeigt im blauen Schild einen neunmal silbern und rot geteilten, steigenden Löwen mit goldenen Krallen. Das Raubtier zierte ursprünglich das Wappen der Landgrafen von Thüringen, zu deren Herrschaftsgebiet Hessen bis zum Jahr 1247 gehörte.

Weckewerk: Das häusliche Schlachten bedeutete in früheren Jahren vielerorts eine erlebnisreiche Unterbrechung im täglichen Einerlei. Der Schlachttag entwickelte sich zum Schlachtfest. „Weckewerk" ist ein typisch nordhessisches Gericht, in dem alle anfallenden Reste von Schwarten und Kleinfleisch Verwendung finden. Nach getaner Arbeit mit altbackenen Brötchen vermengt und rasch gebraten, kommt es als köstliche Beigabe zu Pellkartoffeln und einem grünen Salat auf den Tisch. Dazu schmecken ein kühles Bier und ein klarer Schnaps.

Weißstickerei: Die Volkskunst der Weißstickerei gilt als eine der ältesten Nadelarbeiten und erlebte in Deutschland ihre Blütezeit im 13. Jahrhundert. Als bäuerliche Kunst ist sie in der Schwalm seit dem 18. Jahrhundert bekannt. Schlecht bezahlte Näherinnen fertigten für die Wohlhabenden prachtvoll verzierte Aussteuerteile vom Bräutigamshemd (geschätzte Arbeitszeit 6 Wochen) bis zum Zierhandtuch, von der Taufwindel bis zur Bettdecke (über 40 Wochen).

Zeppelin: Von einem faszinierenden Kapitel der deutschen Luftfahrtgeschichte zeugt im Zeppelin-Museum im heutigen Neu-Isenburg eine eindrucksvolle Dokumenten- und Bildersammlung. Die mittlerweile zu Neu-Isenburg zählende Siedlung Zeppelinheim wurde in unmittelbarer Nähe zum Rhein-Main-Flughafen 1938 für die Mitarbeiter der Zeppelin-Werft erbaut.

Äppelwoi: Äppelwoi, or apple wine, is not just a drink but a gift from heaven, says a local rhyming couplet. The Hessian regional drink comes in several varieties, depending on the length of time it is left to ferment and mature. The juice pressed from freshly harvested apples each autumn is known as Süsser, after fermenting it becomes Rauscher, in the next phase of maturity Heller and finally Alter, or vintage. There is quite a culture surrounding Äppelwoi, which is traditionally served from a stone jug known as a Bembel and drunk from ribbed glasses. In Frankfurt and environs, at least, true connoisseurs are referred to by a variety of nicknames including "Apfelweingeschworene" or "Apple Wine Jurors." They, in turn, refer to the beverage with an affectionate diminutive, calling it "Stöffche" or "the little stuff." And you don't drink the "divine drop," you "sup a glass" of it.

Battenbergs: During World War I, a branch of the house of Battenberg which had settled in Britain many years previously anglicised its name to Mountbatten. The best-known scion of this branch is Queen Elizabeth II's husband, Prince Philip, Duke of Edinburgh, so Hessian blood flows in the veins of the sons born to Princess Diana and Charles, Prince of Wales.

Celebrities: The list ranges from St Boniface, who spread the Gospel mission in the forests of Fritzlar, to Olympic swimming champion Michael Gross, who was born in the Sachsenhausen district of Frankfurt. It includes Elisabeth of Thuringia, the "holy mother of Hesse"; the painter Matthias Grünewald; the painter and natural scientist Maria Sibylla Merian; Frankfurt's prince of poets Johann Wolfgang von Goethe; the banker Mayer Amsel Rothschild; Karl vom und zum Stein, creator of local government self-administration; the Grimm brothers; the pianist Clara Schumann; Konrad Duden, headmaster of Hersfeld Grammar School and editor of the authoritative reference work on the German language; the playwright Georg Büchner; Social Democratic Party founder August Bebel; clergymen such as Martin Niemöller; the lawyer Fritz Bauer; Georg Forster, who circumnavigated the world; the anatomist Samuel Thomas Sömmerring; the composer Paul Hindemith, Nobel chemistry laureate Otto Hahn; the physicist Philipp Reis; women's rights activist Elisabeth Selbert; the painter Max Beckmann, and Nazi victims Wilhelm Leuschner and Anne Frank. The list could be continued indefinitely.

Chatti: The Germanic Chatti tribe, who settled between the rivers Fulda and Lahn in the pre-Christian era, are regarded as the "forefathers" of present-day Hessians.

Coat of arms: The heraldic animal of Hesse is the lion. Its appearance is stipulated by law: the state coat of arms consists of a blue shield with a lion rampant, nine parts silver and one part red, with golden claws. The lion originally adorned the coat of arms of the counts of Thuringia, of whose territories Hesse formed part until 1247.

Culture: Cultural life in Hesse means events of international standing such as the Frankfurt Book Fair and the documenta art show in Kassel. But it also means looking after the state's cultural heritage at the fossil find site of Messel, designated a Unesco world heritage site in 1995, and festivals such as those in Bad Hersfeld, Wetzlar, Wiesbaden and the Rheingau.

Dialect ("Gebabbel"): Hesse's linguistic culture is by no means uniform. Outsiders usually regard the idiom spoken in Frankfurt as Hessian dialect, to the indignation of people from other parts of a state where, in fact, several distinct dialect areas overlap.

Donar Oak: The Benedictine monk Boniface felled this mighty oak, the holiest shrine of the early inhabitants of Hesse. Without incurring retribution from any Germanic god, the wood of the tree is said to have been used to build a church in Fritzlar. The remains of the church, thought to date back to 724, were discovered during excavation works in St Peter's Cathedral in 1916.

Easter bonfires: Easter Monday bonfires in many regions of Hesse are a relic of the pre-Christian era. In some communities in the Waldeck region, young people still spend weeks in the run-up to Easter collecting branches and tree-trunks from the surrounding fir forests and piling them up on the top of hills. They have to be carefully guarded on account of the keen competition between the various groups, who try surreptitiously to destroy or even set fire to their rivals' woodpiles before Easter Monday.

Elaphe longissima: The Aesculapius adder, model for the staff of Aesculapius, the symbol of medical doctors and healing, still slithers through the vine-covered slopes of the Rheingau, its most northerly habitat. The non-poisonous snake, brownish-grey with a yellow-tinged underbelly, grows up to two metres long. Actually a Mediterranean reptile, according to legend it was brought over the Alps by the Romans to keep their thermal baths free of mice and other undesirable vermin.

Half-timbering: Various styles of half-timbered, or Fachwerk, buildings, ranging from Gothic to Weser Renaissance, are still found in numerous Hessian villages and towns. In 1990 the first part of the Deutsche Fachwerkstrasse, or Half-Timbered Road, from Hannoversch Münden to Alsfeld was designated, its aim being to draw attention to the traditional, ecologically important and aesthetic building method and to promote monument-compatible tourism. Other regional stretches of the route in Hesse run from Rotenburg to Grünberg and from Marburg to Hochheim am Main.

Handkäs mit Musik: A culinary speciality eaten with relish in Hesse. It consists of strong cheese, preferably from Langgöns in the Wetterau region, which has been left to mature as long as possible to make it more easily digestible. The "music" with which this delicacy is eaten is a hearty dressing of pepper, salt, vinegar, oil, caraway seeds and plenty of onions.

Hessentag: Hesse Day, or Hess Conference, founded in 1961 by state premier Georg-August Zinn, was the start of new tradition. Zinn's aim was to stage an event which would bring people together, put longstanding residents in touch with recent arrivals and create a sense of belonging for all the people of Hesse. The upkeep of traditions is still an important element of Hesse Day, which is held in a different town each year. However, it also provides space for many other branches of culture. The special allure of the festival, which attracts hundreds of thousands of visitors each year, lies in this linking of the traditional and the modern.

Limes: The border erected by the Romans to protect them from the Germanic tribes ran right across Hesse. The 382-kilometre-long Upper Germanic limes starts below Rheinbrohl and runs as far as the Taunus, enclosing the Wetterau and continuing southwards to Lorch. Its origins go back to the first century AD, when the emperor Domitian ordered the construction of wooden observation towers close enough to be in view of each other. Additionally, castle strongholds were built in the Wetterau and along the Main and the middle reaches of the Neckar. The only remaining fully restored castle of the former Roman Empire is the Saalburg, where an extensive collection of Roman military objects and items of everyday use has been on show to visitors since 1907.

Märchenstrasse (Fairytale Road): The Deutsche Märchenstrasse, or German Fairytale Road, a roughly 600-kilometre holiday route from the River Main to the Weser, begins at the Brothers Grimm monument in Hanau, where the collectors of fairy tales were born in 1785 and 1786. Other ports of call include a Grimm memorial in the old municipal building in Steinau an der Straße, where the brothers spent their childhood. The Brüder-Grimm-Museum in Kassel's Palais Bellevue holds the most important collection of letters, books, manuscripts, portraits, landscape and genre paintings on the life and works of the Brothers Grimm.
Nature parks: The Hesse state government took the initiative to establish designated nature parks more than 50 years ago, thus creating the precondition for the preservation of extensive swathes of countryside of supraregional signficance and for their opening up to the public for "gentle" recreation. Nowadays, visitors can choose from the Bergstrasse-Odenwald, Diemelsee, Habichtswald, Hessische Rhön, Hessischer Spessart, Hochtaunus, Hoher Vogelsberg, Meissner-Kaufunger Wald and Rhein-Taunus nature parks.
Open-air museum: In 1974 a large number of buildings from Hessian villages, including houses and inns, churches, schools and workshops, some of historic significance, were reassembled in the Hessenpark close to Neu-Anspach. In this open-air museum you can watch a smith at work or listen to weavers and bakers explaining their craft. To get to the museum, take the A 661 to Oberursel and follow the B 456 to the Neu-Anspach exit.
Regional costume: Hesse still boasts a relatively wide range of regional costumes. Their heyday is over, however, and they are gradually disappearing. In an era where everything is factory-produced, the old Hessian saying that home-made dress is best no longer applies. On high days and holidays, however, the colourful Schwalm and neat Marburg costumes and in the Biedenkopf area the traditional Hinterland outfit can still be admired. The Schlitz costume is similar to the Schwalm costume, while people in the Rhön region wear simple but tasteful costumes and in Hüttenberg, between Butzbach and Wetzlar, they wear wide and colourfully embroided sashes.
Rheingauer Gebück: This remarkable thirty-eight kilometre-long defensive structure, consisting of a densely interwoven network of bushes and trees, was made in the eleventh century. The treetops were cut off to make them bush out lower down. The gaps between them were then filled with more trees and prickly shrubs, which were likewise encouraged to bush out. The twigs and branches were woven together, thus creating a living border fortification up to 100 metres wide in some places and virtually impenetrable, even for animals. One of the main border posts was Walluf, where there was a gateway to the Rheingauer Gebück.
Straussenwirtschaft: Many Hessian vintners turn their "front parlours" into occasional inns selling their newly-made wine. A bunch of vine twigs or ivy at the the entrance to the house signifies that the "inn" is open for business. None accommodates more than 40 guests, and the snug, relaxed atmosphere and small, tasty meals served in or out of doors make for a truly rustic occasion.
Tourist information: Details of addresses, events and accomodation are available from: HA Hessen Agentur GmbH, Konradinerallee 9, 65189 Wiesbaden, Tel. +49 (0)611/9501780; Hessischer Heilbäderverband, Le Cannet-Rocheville-Straße 1, 61462 Königstein im Taunus, Tel. 06174/926565; BALUH-Bauernhof- und Landurlaub in Hessen, An der Hessenhalle 6, 36304 Alsfeld, Tel. 06631/71743. Further addresses, etc. via the Internet at www.hessen-tourismus.de or www.landurlaub-hessen.de
Weckewerk: In former times, in many places the slaughtering of animals reared for meat made an exciting break in the monotonous everyday routine. By and by, the slaughtering day came to be celebrated as a feast where freshly-killed meat was eaten. Weckewerk is a typical north Hessian dish made from the left-over pieces of meat and rind. After the slaughtering, mixed with stale bread and quickly fried, they made and make a delicious accompaniment to potatoes in their skins and green salad. Weckewerk tastes best washed down with a cold beer and a clear schnapps.
Weissstickerei (linen embroidery): The craft of linen embroidery, thought to be one of the oldest forms of needlework, experienced its heyday in Germany in the thirteenth century. In the Schwalm area, it has been known as a rural craft since the eighteenth century. In those days, poorly paid seamstresses used to make magnificently embroidered items for the gentry. Their work included everything from bridegrooms' shirts (a single one took around 6 weeks to complete) to hand towels, christening shawls and bedspreads (which took more than 40 weeks).
Zeppelin: An impressive collection of documents and pictures in the Zeppelin Museum in Neu-Isenburg testified to a fascinating chapter in German aviation history. The Zeppelinheim estate, now part of Neu-Isenburg, was built in 1938 right by the Rhine-Main Airport to house the Zeppelin works employees.
Äppelwoi (Cidre de Hesse): «Äppelwoi is net nur e Getränk, Äppelwoi is aach e Himmelsgechenk», ce qui, dans l'idiome de la Hesse, revient à dire que le cidre n'est pas seulement une boisson, mais un don du ciel. Le jus de pommes tout juste sorti du pressoir, en automne, est qualifié de «doux», de «grisant» après sa fermentation, de «clairet» au stade de maturation suivant, pour être finalement promu à la plus haute dignité, celle de «vieux». La boisson nationale des Hessois est servie dans une cruche de grès, le «Bembel», et bue dans des verres nervurés. Les vrais connaisseurs sont appelés «Apfelweingeschworene» (les jurés du cidre) – tout au moins à Francfort et dans ses environs –, ou encore «Schoppepetzer», «Schoppestecher», «Gorjelschwenker» et «Schnutedunker», et qualifient amoureusement leur cidre de «Stöffche», «petite substance». Cette «divine goutte» n'est pas non plus simplement bue, on dit ici que l'on «souffle une chopine».
Armoiries: L'animal héraldique de la Hesse est le lion. Sa représentation symbolique est définie par la loi. Le blason de cette province arbore, sur fond bleu, un lion dressé aux griffes dorées, divisé en neuf segments argentés et rouges. Ce fauve ornait, à l'origine, les armoiries des comtes de Thuringe sous la domination de laquelle la Hesse demeura jusqu'en 1247.
Battenberg: Pendant la Première Guerre mondiale, la branche de la lignée des comtes de Battenberg qui s'était établie en Angleterre il y a longtemps de cela, anglicisa son nom d'origine en «Mountbatten». Le plus célèbre descendant de cette famille est le prince Philip, époux de la reine d'Angleterre, Elizabeth II. Ainsi donc le sang hessois coule-t-il dans les veines des enfants de Lady Di et du prince Charles.
Chattes: Les Chattes, peuple germanique venu s'établir entre la Fulda et la Lahn aux premiers siècles de notre ère, passent pour être les ancêtres des Hessois d'aujourd'hui.
Chêne Donar: St Boniface, moine bénédictin, abattit ce puissant chêne, sanctuaire suprême des tout premiers habitants de la Hesse. C'est du bois de cet arbre idolâtré par les Chattes et sans que cela n'attire le courroux d'une quelconque divinité des Germains, qu'une église aurait été construite, en 724, à Fritzlar, dont certains vestiges furent mis au jour lors de fouilles effectuées en 1916 dans la cathédrale St Pierre.
Colombages: De nombreux villages et villes de Hesse présentent encore différents styles de maisons à colombages. On y trouvera des bâtiments à pans de bois datant du gothique autant que des édifices de style «Renaissance de la Weser». C'est en 1990 que fut créé le premier tronçon de la «Route allemande des Colombages» menant de Hannoversch Münden à Alsfeld, dans le but d'attirer l'attention sur cette architecture traditionnelle d'importance notoire tant sur le plan écologique qu'esthétique et de promouvoir en même temps un tourisme orienté vers le patrimoine historique. Plusieurs autres tronçons régionaux de cette Route allemande des Colombages mènent, en territoire hessois, de Rotenburg à Grünberg, par exemple, ou encore de Marburg à Hochheim sur le Main.
Costumes régionaux: Les costumes régionaux sont encore relativement répandus en Hesse. Les temps où ils connurent leur apogée sont révolus et ils sont désormais en voie de disparition. A une époque où tout est confectionné en série, la phrase n'a plus de mise qui veut que le plus beau costume est «celui que l'on a tissé et fait de ses propres mains». On peut toutefois encore les admirer certains jours de fête: la tenue traditionnelle multicolore des habitants de Schwalm, les parures coquettes de Marburg et, dans l'arrondissement de Biedenkopf le costume des «Hinterländer». Le costume traditionnel de Schlitz ressemble à celui de Schwalm. Les habitants de la Rhön, quant à eux, sont vêtus simplement, mais avec goût. Les «Hüttenberger» – entre Marburg et Wetzlar – ornent leur tenue de larges rubans aux broderies multicolores.

Culture: La vie culturelle de la Hesse, ce sont des événements de portée internationale, tels que la Foire du Livre de Francfort et la «documenta», exposition d'art contemporain qui a lieu à Kassel. En dehors des efforts déployés en vue de la sauvegarde du patrimoine historique, comme c'est le cas à Messel, où furent découverts des fossiles – ce lieu a été admis par l'Unesco, en 1995, sur la liste des sites dignes d'être préservés – on notera en particulier les festivals se tenant à Bad Hersfeld, Wetzlar, Wiesbaden et dans le Rheingau.
Elaphe longissima: La couleuvre d'Esculape, dont est inspiré le caducée, emblème des professions médicales et paramédicales, serpente encore de nos jours à travers les versants recouverts de vignobles des collines du Rheingau. C'est là son habitat le plus septentrional. Ce serpent non venimeux, d'un brun gris, à la face inférieure jaunâtre et pouvant atteindre jusqu'à deux mètres de long, appartient en réalité à la faune méditerranéenne. L'Histoire relate que ce sont les Romains eux-mêmes qui l'apportèrent dans cette contrée après avoir franchi les Alpes. Il était destiné à chasser les souris et autres bestioles indésirables infestant leurs établissements thermaux.
Feux de Pâques: Dans de nombreuses régions de la Hesse, les Feux de Pâques font partie des coutumes païennes d'avant l'ère chrétienne. Pendant plusieurs semaines, les jeunes de certaines communes de la région de Waldeck, ramassent du bois mort dans les forêts d'épicéas des environs. Branchages et troncs d'arbre sont alors entassés à différents endroits surélevés des villages. Il leur faut monter la garde en permanence, car ils tentent réciproquement de détruire ou même de mettre le feu aux amas de bois atteignant parfois plusieurs mètres, et cela avant la veille du deuxième jour de Pâques.
Handkäs mit Musik: «Die Hesse sind ganz versesse uffs Handkäsfresse!» Autrement dit, les Hessois sont fort gourmands du fromage au cumin appelé ici «Handkäse». Celui-ci doit être bien fait («schee dorsch»), car c'est ainsi qu'il a le meilleur goût et qu'il est le plus digeste. Quant à la «musique», les sons, bons ou mauvais, ressortant du penchant pour cette spécialité, elle est due au «Käsedibbe», c'est-à-dire à la marinade à base de poivre, de sel, de vinaigre, de cumin et d'une grande quantité d'oignons, dont il est arrosé.
Hessentag (Journée de la Hesse): Lorsque Georg-August Zinn, ministre-président de l'époque, instaura la «Journée de la Hesse» en 1961, il donna naissance à une nouvelle tradition. Son dessein était d'en faire une fête, réunissant les habitants et qui permettrait le rapprochement des Hessois de souche et des nouveaux venus, fête où tous les citoyens et citoyennes se sentiraient chez eux. L'entretien des coutumes et traditions est demeuré jusqu'à maintenant un élément important des Journées de la Hesse. Entretemps, ces Journées, qui se tiennent tous les ans dans une ville différente, donnent lieu à des festivités accordant également une place à d'autres manifestations de la vie culturelle. La réunion de la tradition et de la modernité constitue l'attrait particulier des Journées de la Hesse qui, chaque année, voient affluer des centaines de milliers de visiteurs.
Idiome hessois («Gebabbel»): La culture linguistique de la Hesse est, elle aussi, fort hétérogène. Au grand effroi des habitants des autres contrées de la Hesse, il arrive que, à l'extérieur du pays, le dialecte de Francfort soit pris pour l'idiome hessois. En réalité, plusieurs zones dialectales se chevauchent, dont les différents parlers régionaux se distinguent nettement les uns des autres.
Informations touristiques: Toutes les informations concernant adresses, manifestations ou autre genre d'hébergement peuvent être fournies par le HA Hessen Agentur GmbH, Konradinerallee 9, 65189 Wiesbaden, Tel. +49 (0)611/9501780; Hessischer Heilbäderverband, Le Cannet-Rocheville-Straße 1, 61462 Königstein im Taunus, Tel. 06174/926565; BALUH-Bauernhof- und Landurlaub in Hessen, An der Hessenhalle 6, 36304 Alsfeld, Tel. 06631/71743. L'accès à d'autres adresses est également possible sur Internet www.hessen-tourismus.de ou www.landurlaub-hessen.de
Limes: Cette ligne frontière de l'empire romain courait à travers la Hesse. Le limes de la Germanie supérieure, long de 382 km, commence en-dessous de Rheinbrohl et mène jusqu'au Taunus. Il enceint la Wetterau et se poursuit en direction du Sud jusqu'à Lorch. Les débuts de sa construction remontent à l'empereur Domitien qui fit ériger des tours d'observation en bois, à portée de vue les unes des autres. Des forts furent, en outre, construits dans la Wetterau, le long du Main et du cours moyen du Neckar, dont celui de Saalburg est le seul de l'ancien Imperium Romanum à avoir été intégralement restauré. Depuis 1907, d'importantes collections d'objets illustrant la vie quotidienne et militaire des Romains sont accessibles au public.
Märchenstraße (Route des Contes de Fées): C'est à Hanau, au monument élevé à la mémoire des frères Grimm, célèbres compileurs de contes qui virent le jour en 1785 et 1786, que commence l'itinéraire riche en légendes d'environ 600 kilomètres de long qui mène du Main à la Weser. Un mémorial a été aménagé dans l'ancien bâtiment administratif de Steinau an der Straße, où ils passèrent leur enfance. Le Palais Bellevue, à Kassel, abrite le Musée des Frères Grimm qui comporte la plus importante collection de lettres, livres, manuscrits, portraits, paysages et tableaux de genre, relative à la vie et aux activités des frères Grimm.
Musée à ciel ouvert: De nombreuses maisons d'habitation rurales ainsi que leurs dépendances, toutes de caractère historique, de même que des églises, des écoles et des ateliers provenant de petites villes et villages hessois ont été reconstitués dans le «Parc de la Hesse», aménagé en 1974, près de Neu-Anspach. Vous pourrez y voir le forgeron au travail, vous faire expliquer les méthodes artisanales du tissage ou le métier de boulanger. On y accède en prenant l'autoroute A 661 jusqu'à Oberursel ou la nationale B 456 (sortie Neu-Anspach).
Parcs naturels: Voilà plus de 50 ans que le gouvernement du Land de Hesse prit les premières mesures visant à l'aménagement de parcs naturels. Il jeta ainsi les bases d'une politique de sauvegarde d'espaces de vastes envergures d'importance supra-régionale et de leur mise en valeur au profit de la détente «douce» de la population. On peut, aujourd'hui, visiter les parcs naturels de Bergstraße-Odenwald, Diemelsee, Habichtswald, Hessische Rhön, Hessischer Spessart, Hochtaunus, Hoher Vogelsberg, Meißner-Kaufunger Wald et du Rhein-Taunus.
Personnalités: La liste des personnalités hessoises va de St Boniface, qui enseigna la bonne parole dans les forêts de Fritzlar, jusqu'au champion olympique de natation, Michael Groß, né à Sachsenhausen, un quartier de Francfort. Elisabeth de Thuringe, la «Sainte Mère de Hesse» en fait partie, tout comme le peintre Matthias Grünewald, Maria Sibylla Merian, artiste peintre et naturaliste, le prince des poètes de Francfort, Goethe, le banquier Mayer Amsel Rothschild, Karl vom und zum Stein, à qui il revient d'avoir instauré l'administration communale autonome, les frères Grimm, la pianiste Clara Schumann, le proviseur de lycée de Hersfeld, Konrad Duden, Georg Büchner, August Bebel, fondateur du parti social-démocrate, des hommes d'église, tel par exemple Martin Niemöller, le juriste Fritz Bauer, Georg Forster qui fit le tour du monde à la voile, l'anatomiste Samuel Thomas Sömmerring, le compositeur Paul Hindemith, le Prix Nobel de chemie Otto Hahn, le physicien Philipp Reis, Elisabeth Selbert, combattante pour les droits de la femme, le peintre Max Beckmann, mais aussi les victimes du nazisme que furent Wilhelm Leuschner et Anne Frank. Et cette liste n'est nullement exhaustive.
Rheingauer Gebück: C'est au XIème siècle que fut érigé l'un des systèmes de défense les plus curieux. Cet ouvrage fortifié, de 38 km de long, était constitué d'un treillis de brousailles et de branchages. On coupait les couronnes des arbustes à différentes hauteurs de sorte qu'ils proliféraient dans tous les sens. Dans les trous, on plantait alors des arbres et arbrisseaux épineux qui formaient également des excroissances dont on entrelaçait les branches. Ainsi croissait une fortification vivante qui, à certains endroits, atteignait jusqu'à 100 mètres de large et était impénétrable, même pour les animaux. L'un des postes frontières était Walluf: c'est là, au «Backofen» (au Four) que se trouvait l'une des portes du «Rheingauer Gebück».
Straußenwirtschaft: La «Gud Stub», winstub du viticulteur, n'ouvre qu'irrégulièrement. En accrochant un bouquet (en allemand «Strauß», d'où son nom), fait de grappes de raisins et de feuilles de lierre, on signale, dans les régions viticoles hessoises, que le vin nouveau peut être bu. Disposant tout au plus de 40 places, la winstub ou la cour de cette dernière, résonne alors de la gaieté qu'engendre la dégustation de ce vin acccompagnée de petits plats consistants.
Weckewerk: «Tuer le cochon» constituait jadis un grand événement et une agréable interruption du train-train quotidien. Ce jour de l'abattage devint par la suite une véritable fête de l'abattage. Le «Weckewerk» est un plat typique du nord de la Hesse, constitué de restes de couenne et de petits morceaux de viande. Le travail terminé, on se régale de ce met qui, malaxé à de petits pains rassis et passé rapidement à la poêle, est servi accompagné de pommes de terre et d'une salade verte. Une bière bien fraîche et un petit verre d'eau-de-vie claire ne font qu'ajouter à ce plaisir.
Weißstickerei (broderie blanche): La broderie blanche passe pour être l'un des plus anciens travaux à l'aiguille et connut son apogée dans l'Allemagne du XIIIe siècle. Art paysan, elle est connue depuis le XVIIIe siècle dans la région de Schwalm. Des brodeuses mal payées confectionnaient alors, à l'intention de gens aisés, de nombreux éléments de trousseau, magnifiquement décorés, allant de la chemise du marié (temps de travail approximatif: six semaines) jusqu'au gant fantaisie, de la couche de baptême au couvre-lit (plus de 40 semaines de travail).
Zeppelin: L'exposition rassemblant de saisissants documents et photos, présentée actuellement au Musée Zeppelin de Neu-Isenburg témoigne d'un chapitre fascinant de l'histoire de l'aviation allemande. Le lotissement «Zeppelinheim», rattaché entretemps à Neu-Isenburg, fut construit en 1938 à l'intention des ouvriers des chantiers Zeppelin, situés à proximité immédiate de l'aéroport Rhein-Main-Flughafen.

HESSEN
N
NIEDERSACHSEN
NORDRHEIN-WESTFALEN
THÜRINGEN
BAYERN
RHEINLAND-PFALZ
BADEN-WÜRTTEMBERG
Trendelburg
Rhoden
Hann. Münden
7
Calden
Bad Arolsen
Witzenhsn.
KASSEL
Willingen
Korbach
Helsa
Waldeck
Hessisch Lichtenau
Eschwege
Fritzlar
Melsungen
Waldkappel
Bad Wildungen
Wabern
Frankenberg
Sontra
Battenberg
Homberg
Rotenburg an der Fulda
Fulda
Bebra
Gilserberg
Schwalmstadt
Biedenkopf
4
Neukirchen
Breidenbach
Bad Hersfeld
Kirchhain
Neustadt
Marburg
Niederaula
Alsfeld
Dillenburg
Eiterfeld
Haiger
Homberg
5
Schlitz
Herborn
Lauterbach
Hünfeld
Buseck
Gießen
Fulda
Wetzlar
Laubach
Elbtal
Schotten
Weilburg
Hungen
Neuhof
Gersfeld
Butzbach
Limburg an der Lahn
Usingen
5
Bad Nauheim
Schlüchtern
Bad Camberg
Steinau an der Straße
Bad Homburg v. d. Höhe
Büdingen
45
66
Karben
Idstein
Bad Orb
Taunusstein
FRANKFURT
Maintal
Bad Schwalbach
Hanau
WIESBADEN
OFFENBACH AM MAIN
Eltville am Rhein
Neu-Isenburg
Dreieich
Rüsselsheim
DARMSTADT
Dieburg
Riedstadt
Roßdorf
Pfungstadt
Reinheim
Höchst im Odenwald
Bensheim
Lorsch
Lampertheim
Erbach
Viernheim
Beerfelden
LEGENDE
Staatsgrenze
Hauptstraßen
Autobahn
Bahnlinie
Flughafen
Großstadt
Andere Stadt
Landeshauptstadt